本书受到国家社会科学基金重大项目"网络空间社会治理语言问题研究"（20&ZD299）、2021 年江苏省社会科学基金一般项目"突发公共事件外交话语的语用策略及翻译研究"（21YYB013）、2018 年度江苏高校哲学社会科学研究外语教学专题项目"基于'互联网＋'的混合式教学的探索与实践——《ESP 管理英语》的个案研究"（2018SJZT50）及南京审计大学外国语学院"十三五"学科建设经费出版资助项目的资助

语用学学人文库

何自然 主编

欺诈性广告中模糊话语的批评语用研究

A Critical Pragmatic Study of Vague Discourse in Deceptive Advertisements

钱永红 著

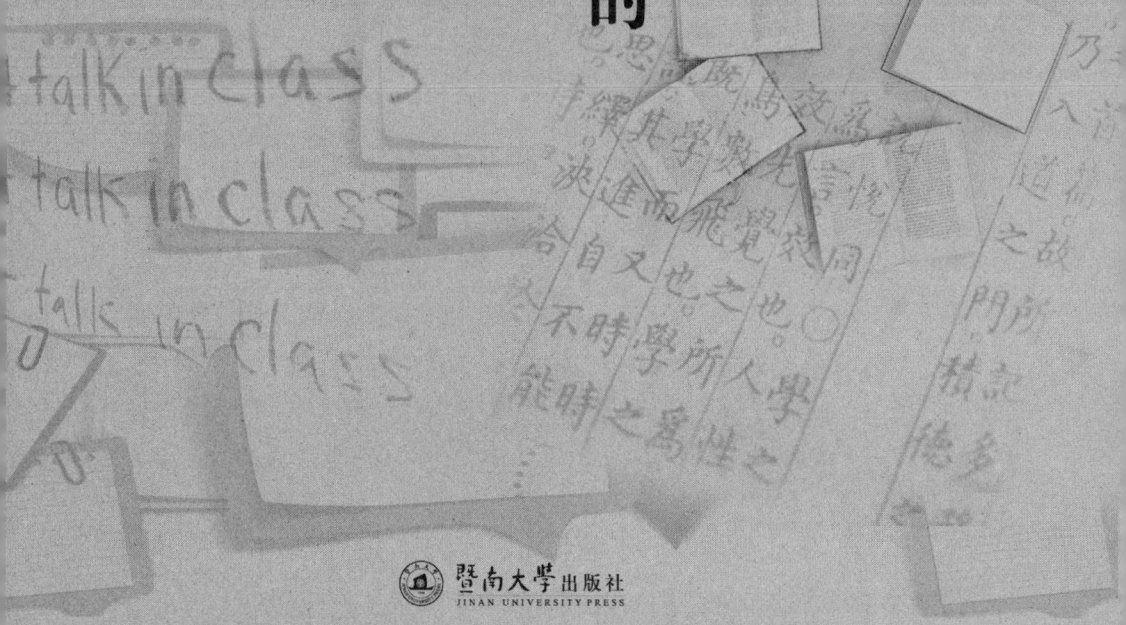

暨南大学出版社
JINAN UNIVERSITY PRESS

中国·广州

图书在版编目（CIP）数据

欺诈性广告中模糊话语的批评语用研究/钱永红著．—广州：暨南大学出版社，2022.6
（语用学学人文库/何自然主编）
ISBN 978 - 7 - 5668 - 3408 - 9

Ⅰ.①欺…　Ⅱ.①钱…　Ⅲ.①广告—诈骗—话语语言学—研究—中国
Ⅳ.①D924.354

中国版本图书馆 CIP 数据核字（2022）第 074165 号

欺诈性广告中模糊话语的批评语用研究
QIZHAXING GUANGGAO ZHONG MOHU HUAYU DE PIPING YUYONG YANJIU
著　者：钱永红

··

出 版 人：张晋升
策划编辑：杜小陆　黄志波
责任编辑：黄志波
责任校对：张学颖　王燕丽
责任印制：周一丹　郑玉婷

出版发行：暨南大学出版社（511443）
电　　话：总编室（8620）37332601
　　　　　营销部（8620）37332680　37332681　37332682　37332683
传　　真：（8620）37332660（办公室）　37332684（营销部）
网　　址：http：//www.jnupress.com
排　　版：广州良弓广告有限公司
印　　刷：佛山市浩文彩色印刷有限公司
开　　本：787mm×960mm　1/16
印　　张：13.125
字　　数：230 千
版　　次：2022 年 6 月第 1 版
印　　次：2022 年 6 月第 1 次
定　　价：49.80 元

总　序

　　语用学（pragmatics）作为一门学科，近二十多年的发展日新月异。语用学的学术视角从最早的语言哲学扩展到语言学，逐渐触及语言学的各个领域，出现了各类与语用学相结合的新兴学科和边缘学科，对翻译学、外语教学、词典编撰、跨文化交际、人工智能、文学批评、心理学等许多相关学科产生了深远的影响。语用学现已成为当代语言学中的显学，吸引了越来越多的学者从事语用学的学习、教学和研究。

　　20 世纪 60 至 70 年代，与语用学有关的课题在西方语言哲学的日常语言学派中十分盛行，但它直到 70 年代末至 80 年代初才成为语言学的一个分支学科。1977 年，《语用学学刊》（*Journal of Pragmatics*）在荷兰发行，标志着语用学作为一个学科得到正式确认。同一时期，pragmatics 引入日本，被翻译为"語用論"，日本学者毛利可信于 1978 年就曾以"意义的不确定性——从语义学到语用学"为题发表过文章；1980 年，毛利可信出版了亚洲第一部语用学专著《英語の語用論》（《英语语用学》）。在我国，语言学界前辈许国璋先生于 1979 年在中国社会科学院语言所主持出版的《语言学译丛》中就曾连续译介过与日常语言哲学有关的奥斯汀的《论言有所为》等文献。《语言学译丛》改版后的《国外语言学》季刊在 1980 年就刊登了胡壮麟先生介绍国外语用学的文章。到了 1983 年，西方正式出版了列文森的《语用学》（*Pragmatics*）和里奇的《语用学原理》（*Principles of Pragmatics*）。这些国外语用学经典著述，经我国学者不懈引进，语用学在我国开始扎根、发芽。随后，经过三十多年的努力，我国语用学研究得到不断发展，研究队伍不断壮大，与国外同行学者之间的学术交往日益增多，并不断产出具有国际视野的研究成果，体现出中国学者的学术见解和创新。

　　当然，我国语用学研究的全面创新及语用学学科的深度发展还有很长的路要走；作为我们自己的学术团体，中国语用学研究会也有很多工作要做。2011 年，第十二届全国语用学研讨会暨第六届中国语用学研究会年会在山西大学外语学院召开之际，研究会常务理事会决定组织出版"语用学学人文库"（以下简称"文库"），并成立了编委会，约请暨南大学出版社自 2012 年起出版语用学方面的有关论著。中国语用学研究会认为，在这个时候筹划出版"文库"丛书是有其积极意义的，可以极大地促进我国语用学教学与研究的繁荣，使汉语、外语学习和实际运用得到应有的重视，使汉语在我国社会经济生活中的使用质量得到不断提高，并为在国际上普及汉语和宣传中华文化而出力。

我们计划"文库"丛书每年出版 2 至 3 部专著。这些著述将着重反映以下三个方面的内容：第一，评介当前国外语用学学科的前沿课题；第二，结合和借鉴国外语用学的理论和实践，指导并提高我国汉语和外语的教学与研究；第三，介绍我国学者在语用与社会、语用与文化、语用与翻译、语用与心理、语用与认知等方面的创新成果。

我们曾征询过国内外有关专家、教授、学者的意见，草拟了一份"文库"选题建议，发布在"中国语用学研究会网"（www.cpra.com.cn）上，供大家撰稿时参考。我们盼望我国从事语用学教学与研究的同仁能够积极支持这个"文库"的出版计划，踊跃撰稿，为进一步繁荣我国语用学的学术研究作出贡献。

《语用学学人文库》编委会

2012 年 5 月

目　录

第 1 章

绪　论

随着信息技术的日新月异，各种欺诈性案例也呈现逐年上涨趋势，影响到社会秩序的安全和稳定，也给社会大众的正常生活带来了诸多负面的影响，甚至经常造成精神和财产的双重损失。这些问题日益暴露，引起了社会各界的普遍关注，许多学者也从不同的角度对相关问题展开了分析和研究，旨在从不同视角剖析问题，并提出相应的解决方案。语言学研究者们也逐渐对欺诈性话语研究给予关注和重视，目前已有越来越多的语言学家从不同角度对欺诈性现象展开研究。本章内容主要交代欺诈性话语与模糊语的关系，厘清欺诈与撒谎的区别与联系，廓清研究对象，提出本书的研究视角，并指出本书的理论价值与应用价值以及研究意义，为后文的研究做好铺垫。

1.1　欺诈性话语与模糊语

作为人类交际中的一种常见现象，欺诈是故意采取一系列的方法和策略来让被欺诈者接受虚假信息或者忽略有用信息，从而对事实产生误判，或形成错误的印象或结论（Buller & Burgoon，1996）。严重的欺诈可能会导致毁灭性的后果，不仅会对受欺诈的个人受害者产生危害，甚至有时对整个社会都会造成很大的危害和损失（Burgoon & Nunamaker，2004）。

欺诈的识别是一项非常复杂而困难的工作，它受到一些语境因素的影响和制约。文献表明，先前的欺诈研究（e. g. Ekman & Friesen，1969；Vrij et al.，2000；De Paulo et al.，2003）主要集中在对传统的面对面交际的语料研究。

Barnes（1994）、Nyberg（1993）及 Zagorin（1990）等人认为，社会生活的各个领域，如政治、传媒、广告、军事、商务、金融、法律、体育、文学、学术、医疗、宗教、文化等所使用的语言都存在"非真实性"的话语现象，而在日常生活中，"说假"（deception，简称 DEC）作为一种常见的语用策略，更是频繁使用和出现。学者们从各自不同的角度对非真实性话语展开研究，其中包括心理学、社会学以及语言学的语用学，并取得了一定的研究成果。

心理学家主要关注并试图揭露非真实性话语中言语及非言语线索

(clues)（Knapp et al.，1974；Cody，Marston & Foster，1984；M. Ekman，1988），其采用的方法主要是实验法，所获取的研究视频和语料也是采用实验法获得的。他们认为，只要能把言语及非言语线索和规律分析出来，人们就能对日常交际中的"说假"行为进行有效辨别。部分心理学研究者尝试探索对非真实性话语的检测，并试图找出影响加强或抑制人们识别谎言能力的因素（Kraut，1978；Stiff & Miller，1986）。研究者们关注的大都是欺诈（deception）线索的研究，认为欺诈的表现是一个"非理性、难控制以及低意识的认知过程"（Buller & Burgoon，1994），然而对欺诈作为策略性交际行为这个方面很少关注。

非真实话语的交际过程中涉及的因素不仅有认知的因素，还有社会、文化的因素。社会学家认为欺诈是一种社会现象，因为学会恰当地撒谎是人类社会化进程中的一个重要特征（Barnes，1994）。社会学研究表明，欺诈与社会生活的不同领域、文化的多样性、说谎人与被骗人的地位以及说谎人与被骗人之间的关系都具有一定的关系。欺诈性话语的使用涉及心理因素、社会因素和文化因素，但心理学、社会学的研究都只是片面地对该现象进行静态的描述。因此，何自然、张淑玲（2004）认为，欺诈性话语需要从一个更为全面的语用学视角来寻求阐释，并尝试用 Verschueren（1999）的语言顺应理论，对欺诈这种特殊的话语现象从认知、社会和文化的整体出发，动态地考察它作为语用策略的应用情况，为欺诈现象的研究进一步拓宽了视角和维度，也为语用学深入考察欺诈性话语奠定了很好的理论与实践基础。

近年来，随着信息技术的日新月异，伴随而来的各种欺诈性案例也呈现逐年上涨趋势，欺诈性话语研究越来越受到人们的重视。对于欺诈性话语的语言学角度的研究，学界发表和出版的相关文章和书籍也呈现逐渐增长趋势（Galasinski，2000）。从语言学角度对欺诈性话语展开研究，可以揭示出欺诈的语言语用实现方式的内在机制，可以提高人们的识别能力和防范意识，同时也可以为相关部门的审察监督提供理论和实践的指导，使得一些存心不良的欺诈性话语无处藏身。国内陈新仁教授的专著《批评语用学视角下的社会用语研究》（2013）一书针对中国社会语境下一些不良社会用语开展了批评分析，其中就涉及商业欺诈性话语，但该书主要涉及平面印刷广告，未涉及电视直销类广告。

Dilmon（2009）从以往对欺诈性话语的研究（如 Knapp et al.，1974；Dulaney，1982；Shuy，1998）中总结出以下结论：欺诈者在实行欺诈行为时往往会在语言和非语言层面体现出一些特征，比如不确定性、语言模糊、表情紧张、有所保留等。基于这些文献的研究，我们可以看出，实施欺诈所涉及的手段是多种多样的，而模糊语言的使用是实施欺诈的重要手段之一。

还有一些学者也已经对广告话语中模糊语言可能存在的误导作用进行了研究（如吴亚欣，2002；赵凤兰，2008；邹俊飞，2010；陈新仁、陈娟，2012 等）。这些研究发现广告话语中经常充斥模糊语言，认为一些模糊表达可以使一些广告话语更具吸引力和说服力，可以帮助广告商达到促销的目的，然而一些模糊语言的运用却会违背格赖斯提出的"合作原则"，导致广告文本理解与现实不符，具有误导与欺骗消费者的嫌疑和客观效果。

通过仔细研读现有文献，笔者发现，这些研究往往在一些模糊语言的使用与欺诈效果之间画等号，即认为相关模糊语言的使用必然会带来欺诈的效果。这样的看法未免过于简单，与另外一些模糊语言的使用不存在欺诈嫌疑甚至具有积极广告效果的事实是冲突的。显然，关于模糊和欺诈的关系存在几个重要问题值得我们去思考：模糊语言的使用与欺诈效果之间到底存在什么样的关系？模糊语言的使用在什么情况下存在欺诈嫌疑？某些模糊语言的使用为什么可以有助于达成欺诈的目的？其内在的机制又是什么？

基于上述社会背景和学术背景，笔者开始关注非法电视直销广告中以使用模糊语言为主要特征的模糊话语（定义详后）的使用情况。通过搜集非法电视直销广告实例，引入实证研究方法，借鉴相关语用学理论和分析视角，深入系统地探讨上述问题，旨在揭示电视直销广告利用模糊语言实施欺诈的工作机制，为工商部门对电视直销广告的审查提供理论依据，提高广大消费者对误导性模糊话语的识别和防御能力，同时也为电视直销广告的健康、正常运行提供一定的理论规范。

1.2 撒谎与欺诈

以往关于欺诈的研究主要是围绕人们撒谎或欺诈时所表现出来的一些语言特征或非语言特征，以及个人对谎言或欺诈的识别能力来展开的（Fay & Middleton，1941；Hildreth，1953；Woodworth & Schlosberg，1954；Maier & Janzen，1968；Maier & Thurber，1968；Knapp et al.，1973；Shulman，1973；Anolli et al.，2003）。本书的重点是欺诈性话语，然而由于撒谎与欺诈似乎存在一些关联，我们首先需要厘清两者的定义和关系，以便更加明确本书的研究对象。以往文献中有学者将撒谎（lie）与欺诈（deception）视为同一个概念，可以互换（Fuller et al.，2011）；也有学者主张将撒谎与欺诈区别对待，比如 Simpson（1992）认为撒谎是有意图地实施欺诈手段的其中一种。Meibauer（2005）把撒谎定义为"意在影响听话者信念的非真实的断言言语行为"，并从意向性、会话含义和语用含糊三个方面探讨了撒谎的本质。首先，撒谎意在欺骗听话者，它必定是一种断言言语行为，而其他如承诺、命令、疑问等言语行为不能成为撒谎。其次，撒谎不仅包括非真实的断言，还包括隐含的非真实会话含义；由于会话含义需要听话者推理得出，它便显得更具间接性和隐蔽性，同时也在很大程度上降低了说谎者被识破的风险。最后，撒谎并不等同于非真实性话语，例如言语交际中时间、空间距离的模糊表达，是松散语言（loose language）使用的表现。Dilmon（2009）认为，撒谎是提供与事实相反的信息，撒谎者故意将他认为是真实的事情说成不真实的给受骗者听，让"不存在的事"令听众相信是"存在的事"；又或者把真实存在的事故意说成是不存在的。

欺诈的目的旨在通过利用人们的心理弱点来操纵人类的感知，并直接影响到他们的信念、决定和行为（Cybenko et al.，2002）。关于欺诈或欺骗，目前有如下几个具有代表性的定义：Buller 和 Burgoon（1996）认为，"欺骗是说话人故意传达的、旨在让受话人形成一个错误的观点或结论的信息"。《美国传统词典》（*American Heritage Dictionary*）（2000）中对 deception 的定义是：欺骗就是提供假信息、故意隐瞒或故意曲解事实，意图使听话人得出错误的判断或结论而处于劣势地位。Dilmon（2009）认为，"欺诈性话语就是以欺诈为目的，运用各种手段来欺骗听众和听话人的话语"；他还认为，欺诈性话语中所描述的事实可能是真实的，但是其潜在目的是想要误导听众和观众，有时候可能只呈现情境的一部分，或者断章取义。这种欺诈性话语不同于直接的撒谎，因为撒谎中所呈现的事实从本质上讲就是非真实的或歪曲的。

根据以上回顾和分析，我们可以将撒谎与欺诈的异同之处概括如下：

表 1 - 1 撒谎与欺诈的区别

	撒谎	欺诈
信息真实性	故意提供虚假信息，与事实相反或不符合	故意提供虚假信息；或者提供真假难辨、模棱两可或不确定的信息
真假辨别性	可以通过事实来证明其虚假性	有时可以证明虚假；有时即使事实摆在眼前，说话人仍然可以利用模棱两可的语言进行狡辩，推脱责任
说话人意图好坏	善意；恶意	恶意
目的	①出于保护自己；②出于保护别人；③出于伤害别人；④出于使自己获利	出于欺骗他人而致使他人处于劣势地位，进而蒙受损失，而说话人却从中获利

由以上分析我们可以看出，撒谎与欺诈存在一定的差别。比如，撒谎者呈现的事实本身就是假的；而欺诈的信息既可以采用撒谎（即提供虚假信息）的形式来实施，又可以运用无法辨别真假、更具有隐蔽性的手段来实施。比如，在看似真实的事实中使用模棱两可的话语，利用听话人的各种心理因素或价值观念等，引导受话人自己朝着错误的方向推导，从而达到说话人的欺诈目的（这正是本书关注的对象）。撒谎的目的有时候可以是善意的，而欺诈的出发点则是有不良企图的。当然，不可否认的是，撒谎与欺诈之间也存在一定的联系，很多情况下，如果撒谎者的动机是使对方上当受骗，这个撒谎行为就构成了欺诈。由此可见，两者的关系不是那么清楚明了，存在一些重合和交叉之处，这也可能是之前很多研究将两个

概念不加区分的客观原因。

由于电视直销模式受众与广告商的信息不对称性，我们无法对话语的真实性进行一一检验，本书将涉及撒谎的虚假事实排除在外，重点分析那些隐蔽而模糊不清的模糊性语言手段，探讨这些模糊性手段如何被非法广告商"巧妙"利用，借助受众的社会心理因素影响其理解，进而达到其欺诈目的。

1.3　电视直销广告

世界上第一个电视直销节目《我们去购物吧》（*Let's Go Shopping*）最早于 1946 年出现在美国（McCarthy，2001），但直到 20 世纪 80 年代起才在美国逐渐流行，成为一种以信息技术为特色的新型销售方式，据说将会给销售和市场分配发挥带来革命性的变化（Morgan et al.，2001；Hawkins，1996）。这种销售方式于 20 世纪 90 年代进入中国媒体，其语言特点受到西方文化的影响，与传统的电视广告有着很大的不同，它的篇幅是普通广告的几倍甚至几十倍，语言也更直接，无论何种广告，其目的都是劝说消费者购买商品。Wells（2000）认为，广告就是一种需要付费、利用大众媒体或其他形式使特定商家与目标受众建立联系的互动交际式劝说性交际话语。电视广告则是以电视媒介作为传播手段的广告，即以电视技术手段作为媒介来发布和传播品牌、商品、服务、劳务等经营服务信息和广告主形象的广告。而电视直销广告则是指电视台为客户专门设置的较长的广告时间段，利用这个长时间段专门为某一个厂家或企业介绍其生产或销售的产品的广告（刘圣儒，2011）。郑晓辰（2011）认为，电视直销，即由厂家或者代理商直接操作，以电视为载体，集宣传、组织、销售于一体，有情节，有故事，经过精心设计和包装，既含信息，又有广告，欣赏性、娱乐性较强的社会商业性活动。该类直销节目一般选在收视率较高的频道和非黄金时段插播，而电视直销广告是一种借助电视台的影响，通过多种艺术手段，详尽完备地对商品和服务进行宣传推销的广告形式。

综上所述，本书探讨的电视直销广告，就是以电视媒介作为传播手段，由电视台为客户专门设置较长的广告时间段，来发布和传播品牌、商品、服务、劳务等经营服务信息和广告主形象的广告。目前，比较常见的电视直销广告有三种（倪莉、常洲，2009）：一是"单枪匹马式"广告，由一人负责全方位介绍商品，配以模特对产品进行多方位展示，有时也会邀请明星或各界名人来提高广告的人气；二是"二人转式"广告，主要由两个人组成搭档，采用强烈的语气、渲染性的表情和动作进行配合式宣传；三是"访谈式"广告，以采访或访谈的方式了解消费者们的使用经验和感受。电视直销广告与一般的电视广告不同，具有以下几个特点：①电视直销广告推销的产品一般是通过热线电话购买的，而不同于消费者熟悉的通过实体店购买的方式。②推销的商品一般以新、奇为特征，跟正规渠道销售的产品存在一定差异，令消费者无从比价。③直销广告对商品的性能、用途、质量、价格、功效以及获奖情况等内容的介绍相对详细。④播出时间长，一般会定时、定点播放。基于电视直销广告的这些特点，一旦其出现虚假不实等违法情况，往往容易给消费者带来较严重的损害（倪莉、常洲，2009）。我国电视直销广告一般在内容上集中于展现商品优点，突出产品的高性价比，或者配以消费者积极反馈或访谈的形式强化产品的特殊功效或优势，唤起观众的购买欲望，诱导消费者购买商品。一些电视台会为客户专门设置较长的广告时间段来播放电视直销广告，从而为厂家或企业介绍其生产或销售的产品。

1.4 欺诈性电视直销广告与模糊语的使用

1992 年电视直销进入中国，受到广大消费者的青睐。作为一种全新的营销模式，电视直销广告融合了电视传媒、商品零售、电信网络、物流配送以及金融服务等多种行业，打破了商品在固定店铺销售的单一模式，一经推出，立即带来了火爆的销售业绩。众多商家对该销售模式趋之若鹜。

然而，在不断普及化的进程中，该种营销方式所引发的问题也层出不穷。优厚的利润空间使得中国的电视直销在短时间内大规模地出现，一些商家利用新兴产业出现初期行业监管的空缺和消费者认识上的不足，夸大事实，欺骗消费者，严重影响了以电视直销为主的电视购物口碑，使该行业的信誉很快降到了最低点，以致电视直销广告似乎已经成了欺诈性广告的代名词。其结果是，越来越多的人对电视直销广告抱有怀疑态度。那么，不法商家在其涉嫌欺诈或误导的电视直销广告中究竟采取了哪些手段来达成自己的欺诈目的呢？考虑到语言在电视直销广告中的作用，商家是否刻意利用了特定的语言手段实施欺诈呢？基于这些疑问，笔者拟在前人研究成果的基础之上，引入新理论，运用新方法，展开较为系统的研究。

中国电视直销在短时间内大规模地出现，其中不乏一些弄虚作假，夸大事实，引诱消费者上当受骗，使消费者蒙受经济和精神甚至是健康的三重损失。国内新闻界也陆续报道了一些消费者上当受骗的相关事件，引起社会对电视直销广告的欺诈和误导现象的广泛重视。鉴于以往文献（如吴亚欣，2002；赵凤兰，2008；邹俊飞，2010；陈新仁、陈娟，2012）已经发现，模糊语言的使用是广告欺诈实现方式的语言手段之一，笔者经过对所搜集的直销广告视频的初步分析，发现这种涉嫌欺诈的视频所采用的欺诈手段与模糊语言的使用确实存在较大关联。试看下面的例子：

（1）我们这套黑姿精华液含有 17 味<u>名贵中草药精华</u>，/<u>梳一下</u>，/就立刻<u>黑发</u>，/现在只要299元，/而且<u>买一送一</u>，/相当于每次染发只需要<u>几块钱</u>！/

上面的电视直销广告片段中充斥着大量的模糊话语。比如，"名贵中草药精华"到底是哪些名贵中草药呢？广告商对此没有交代清楚。"梳一下"显然不可能真的只是梳一下。"立刻"的速度究竟有多快？这显然也是一个模糊的概念。头发到底黑到什么程度才能算"黑发"？"买一送一"中第二个"一"到底指同样的产品还是其他东西？现实中的遭遇可能会告诉你，两个"一"指涉的东西可能不一样！此外，"几块钱"到底是几块？

对这些模糊语言，受众的理解往往会发生偏差。比如，一般消费者在理解歧义性模糊语言"买一送一"时，往往容易将第二个"一"理解为与购买的产品是完全相同的，这样一来，产品的价格就相当于便宜了一半，自然就容易发生冲动消费行为。这种理解的方向也正是电视直销商所期望和诱导的。然而，当消费者付了款满心期待地收到货品时，经常发现所谓赠送的"一"只不过是一支价值几元的牙膏，或者一个毫不起眼的钥匙扣等物品。大呼上当之余，打电话过去质问商家，得到的回答往往是："我们买一送一，说的就是赠送一支牙膏啊，怎么可能赠送一模一样的产品呢，那样我们岂不是要亏本倒贴啦？这位顾客您自己理解错了吧，真是抱歉。"面对这样的解释，消费者只能空呼上当，无可奈何地将打落的牙齿往肚里吞。毕竟，自己原先的理解很大程度上是由自身贪便宜的心理驱动的，好像也不能全怨商家。唏嘘之余，消费者也许会不得不佩服商家驾驭语言的"高明"。

综上所述，本书的研究对象就是非法电视直销广告中的模糊语言（为精确起见，笔者称之为"模糊话语"，详见后文）。本文之所以选择研究非法电视直销广告，是因为该类广告存在各种欺诈陷阱，而模糊语言的使用往往被媒体、工商部门、消费者认为是商家一贯使用的伎俩。本文试图对此加以证实，并考察其诱发误读的运作机制，进而从批评语用学角度加以评论。事实上，聚焦"问题"话语历来是批评话语分析的一种做法，其语料选择的主观性与其批评的目标相一致。

1.5　研究视角

本书拟在前人研究的基础上，引入批评语用学视角，对非法电视直销广告中所使用的模糊话语的形成原因、理解机制及其背后所隐藏的社会心理因素进行调查和分析，揭示模糊话语与欺诈效果的关系，考察模糊话语欺诈的实施与年龄、性别和文化水平之间的相关性，验证社会心理因素对利用模糊话语实施欺诈的促成作用。具体来说，本书主要拟从以下三个方面展开分析和探讨：

第一，在前人关于语言模糊和语用模糊的研究基础上，构建模糊话语概念。在此基础上，以非法电视直销广告为案例，考察非法电视直销广告中模糊话语的使用情况及形成原因。前人展开的关于模糊语言的研究，基本上可以分为两种，一种是关于语言本体的静态模糊，另一种是考虑到交际语境的动态语用模糊。由于话语中产生大量的模糊现象，笔者拟在前人研究的基础上提出"模糊话语"的概念，从话语的角度来考察模糊话语的运用和语用模糊。在此基础上，笔者将考察非法电视直销广告中模糊话语的形成原因，调查非法电视直销广告中模糊话语的使用程度及分布特征。

第二，以非法电视直销广告为案例，通过问卷调查和访谈，考察该类广告中模糊话语与欺诈效果之间的关联，探讨模糊话语诱发错误解读的内部机制。以往对模糊语言的批评研究往往倾向于在模糊语言跟欺诈效果之间画等号，而事实情况是否如此呢？本书的基本假设是：考虑到模糊是语言的特征之一，语言使用产生的模糊话语应该是普遍存在于交际话语当中，其中必然有一部分模糊话语是处于正常接受范围之内，而另一部分则可能是使用者为了达到某些不良目的而刻意采用模糊语言来表达的。在这样的基本假设前提之下，本书的第二个目标就是要考察非法电视直销广告中使用的模糊话语在多大程度上涉嫌欺诈，以及涉嫌欺诈的程度是否与模糊话语的形成原因、涉及的广告内容之间存在什么样的关联。

第三，以非法电视直销广告为案例，从批评语用学视角，结合访谈，揭示商家为通过运用模糊话语实施欺诈而刻意利用的社会心理因素。在以上实证探索的基础上，本书将进一步探讨非法电视直销广告中使用的涉嫌欺诈的模糊话语的理解机制，分析这些模糊话语的认知语用加工方式，剖析影响受众理解时所选择的语用加工方向背后潜在的社会心理因素。除此之外，本书还将探讨模糊话语诱发错误解读与受众的年龄、性别及文化水平之间存在的关联，进而佐证社会心理因素对模糊话语欺诈的促成作用。

1.6 理论价值与应用价值

本书探讨非法电视直销广告中的模糊话语，尝试在批评语用分析的框架下，揭示电视直销广告商所采用的模糊话语所诉诸的社会心理策略，通过问卷调查、访谈等研究手段，剖析公众对相关模糊话语的理解倾向，进而解读模糊话语手段的使用与欺诈之间存在的内在关联，揭示欺诈性模糊话语背后隐藏的社会心理机制，不仅在学科发展、理论拓展、研究视角和内容创新方面均具有一定理论意义，同时还具有一定的实际应用价值。

具体来讲，本书的理论价值主要体现在三个方面：第一，该研究在前人对模糊语言的研究基础上，结合语境和交际目的，引入动态视角，从话语的角度来考察电视直销广告中的模糊现象，发掘模糊话语的形成原因，同时聚焦模糊话语潜在的欺诈效果，拓宽并推动模糊理论的进一步发展；

第二，通过探讨电视直销广告中模糊话语的理解机制，剖析受众理解模糊话语的语用加工机制，分析涉嫌欺诈的模糊语用手段背后隐藏的社会心理机制，揭露模糊话语与欺诈之间的内在关联；第三，采用受众视角和实证研究方法进行批评语用话语分析，进一步丰富批评语用的方法论，同时推进批评语用学理论的实践与应用。

本书的实际应用价值主要体现在两个方面：第一，通过对直销广告话语的深入分析，深化广大观众对非法电视直销广告这种广告形式的认识，增强广大消费者对非法直销广告欺诈的判别意识；第二，通过对欺诈性模糊话语的分析与研究，剖析直销广告所利用的模糊心理机制及语用特征，为政府相关部门在进行电视直销广告的审查工作时提供理论支撑和专业性指导。

1.7 全书概览

本书一共包含11章。第1章为绪论，主要提出广告中模糊话语研究的必要性，以及本书的理论与实践价值。第2章首先对模糊语言与语言模糊、模糊话语与模糊话语等几组关键概念进行界定、比较和区分，然后呈现模糊语研究的脉络及发展趋势，梳理现有语言本体模糊和语言交际模糊的相关研究，提出基于交际语境开展模糊话语研究的必要性和发展趋势。第3章主要对广告话语中模糊语言和电视直销广告的相关研究进行回顾和述评，旨在呈现该领域已取得的研究成果，并指出不足之处，找到本书的研究空间，凸显本书的必要性。第4章主要梳理批评语用学的起源及发展，并在前人理论基础之上构建适合本书的批评语用分析框架，呈现本书的理论框架。笔者基于对批评话语分析的理论工具和方法的回顾，结合 Fairclough（1995）的三维分析框架和陈新仁（2013）提出的批评语用分析框架，根据本书的研究目标和特色进行调整，推出适合本书的批评语用分析框架。第5章主要交代本书的主要研究内容、语料来源及采用的研究方法，阐述本书的整体设计。笔者首先基于理论框架提出研究问题，然后详细阐述语料收集和语料分析过程。第6章主要考察非法电视直销广告中模糊话语的使用情况。第7章主要通过电视直销广告的个案视频研究来探讨电视直销广告中模糊话语与欺诈的关系。第 8 章主要探讨电视直销广告中欺诈性模糊话语的语用充实过程。第 9 章主要剖析模糊话语诱发的心理机制。第 10 章主要剖析模糊话语诱发误读的顺应性阐释。第 11 章呈现本书的主要发现和结论，讨论本书的主要贡献，指出研究的不足，并对未来可进一步深入拓展的研究方向予以展望。

第 2 章

模糊语研究的脉络及发展趋势

本章首先对模糊语言与语言模糊、模糊话语与话语模糊等几组关键概念进行界定与区分，然后对现有语言本体模糊与语言交际模糊的研究进行回顾和述评，旨在总结前人研究的相关成果，并找到本书拟突破的空间，凸显本书的重要性和必要性，并阐释开展本书研究的重要意义。

2.1　术语界定

本书主要着眼于非法电视直销广告中模糊话语手段的考察和研究，引入几个与主题相关的关键术语，因此这一部分我们将首先对这几个关键术语进行界定和区分，以便后文能够更清楚地呈现整个研究过程。

2.1.1　模糊语言与语言模糊

美国控制论专家 Zadeh（1965）提出的模糊集合论改变了人们以往的整个思维方式，具有深远的理论意义和现实意义。它不但促进了模糊学自身的发展，而且给数学、逻辑学、心理学、语言学等一系列学科带来前所未有的变革。从此，人们在科学研究中不但关注中心现象或精确现象，而且开始关注边缘现象或模糊现象。模糊语言学的研究始于 20 世纪 60 年代。Grice（1957）曾在 Logic and Conversation 一文中指出，在交际过程中要注意语言的准确性。然而，实际生活中却处处充满了模糊概念，因为模糊性是自然语言的内在属性（伍铁平，1999）。我国模糊数学大师汪培庄在给伍铁平教授的《模糊语言学》一书所作的序中说："模糊性是非人工语言的本质属性，因而是语言学所不能回避的研究对象。"

伍铁平（1979）在《模糊语言初探》一文中对"模糊概念"作出定义，认为模糊语言是指那些概念外延界限不明的词。在《再论语言的模糊性》一文中，伍铁平（1989）又对历史上外国学者关于语言模糊性的论述作出评论，并提出区分语言的两种模糊性（本体的模糊性和认识上的模糊性）。苗东升（1983）在《论模糊性》一文中从哲学的高度把事物的模糊性概括为"事物类属的不清晰性"和"事物性态的不确定性"，这个定义也适合语言的模糊性。我国学者李晓明（1985）则从认识论角度出发，认为模糊性就是人们认识中关于对象类属边界和性态的不确定性。

"模糊语言"的概念有广义和狭义之分。广义的模糊语言不仅包括那些中介过渡性的词语，还包括那些中介过渡性的语音方面和语法方面的现象（黎千驹，2007）。狭义的模糊，即词语的模糊性，表现在它有一个概念适用的有限区域，这个区域是不明确的。王逢鑫（2001）认为，模糊性从狭义上讲，专指语义界限不清。从广义上讲，模糊性是不确定性、不精确性、不清晰性的概括词，是与确定性、精确性、清晰性相对而言的。

从以上对模糊语言定义的回顾我们可以看出，学者们对模糊的理解仁者见仁，智者见智。通过这些定义，我们可以对模糊语言形成一些基本认识。笔者拟在本书中采用广义解读，认为模糊语言包括概念外延不明晰的词汇，以及意义不明晰、不清楚的语音单位或语法结构单位。为了术语的区分起见，本书在以下行文中使用的"模糊语言"，指由于种种原因而显得意义不明确、具有模糊属性的语言单位，隶属语言本体范畴；使用"语言模糊"指语言单位（包括词汇、语音单位、语法结构等）的一种不清晰、不明确的语义属性。

2.1.2 模糊话语与话语模糊

一般来讲，以上"模糊语言"和"语言模糊"的概念涉及的研究主要侧重于语言本体的模糊现象，是一种不考虑交际语境和交际目的等因素的静态模糊研究。为此，我们这里提出"模糊话语"（vague utterance）及"话语模糊"（utterance vagueness）的概念，目的是从动态的交际层面来考虑模糊话语现象，涉及交际者、交际语境、交际目的等多方面因素，将相关现象研究纳入语用学的研究范畴，旨在从交际话语的层面来动态地考察模糊现象。需要特别说明的是，本书之所以不使用"语用模糊"（或"语用含糊"）的概念，是因为这一概念在文献中一般专指施为用意或会话含义不确定现象。

基于以上"模糊语言"和"语言模糊"的定义，我们作出相应的界定。本书中的"模糊话语"是指意义不清晰、含糊、不确定或歧义的话语，属于语言使用范畴，主要包括三种情形：①由于使用（广义）模糊语言而带来的模糊话语；②由于松散使用精确数字而带来的模糊话语；③由于传达不确定含义而产生的模糊话语。相应地，本书中的"话语模糊"则是指模糊话语在特定语境中所传达的说话人意义（speaker meaning）或语境意义（contextual meaning）不清晰、不确定等语用属性；它既包括语言模糊进入交际之后产生的话语模糊，也包括语用含糊进入交际之后产生的话语模糊，是一个比较宽泛和广义的概念，比以往研究中的语言模糊和语用含糊更加全面。

2.2　关于语言本体模糊与语言交际模糊的研究概述

由于人类语言的模糊性在语词及其意义方面表现得最为明显，因此大多数学者都倾向于关注对模糊词语和模糊语义的研究。石安石早在 1988 年就发表《模糊语义及其模糊度》一文，他在该文中探讨了语义模糊性的本质及产生根源，由此引发了学界对语义模糊的广泛关注（如马毅，1992；陈新仁，1993；张乔，1998）。此后，学者们在不断争论和磋商的过程中逐步厘清了我国早期模糊语言学理论研究中存在的诸多问题，也对模糊语义的本质和产生根源有了更清楚的认识；同时，学者们对语义模糊性的界定以及语义模糊与其他语言学概念的区别也更加明确，对于模糊语义的研究方法也展开了更深入的探索和思考，并不断拓展了模糊语言学的影响范围。

模糊学是美国加利福亚控制论专家查德（L. A. Zadeh）于 1965 年创立的一门新兴学科。他在《信息与控制》杂志上发表的一篇题为"模糊集"的论文中提出了"模糊"的概念。模糊学诞生后，引起了广大学者对模糊理论的极大关注。一般意义上的模糊语言学，是运用模糊理论研究自然语言中模糊现象的学科，所探讨的对象是语义边界模糊的语言（fuzzy language）。从 20 世纪 80 年代初期至今，国内外学者掀起了模糊语言学的研究热潮（Prince，1982；苗东升，1987；石安石，1988；陈新仁，1993a，1993b；Franken，1997；伍铁平，1997，1999；Channell，2000；吴世雄、陈维振，2001）。后来，语言模糊研究不再囿于语言层面（特别是语义层面），研究者开始结合语境研究模糊问题，表现为对语用模糊现象的关注以及对模糊的交际功能研究（何自然，1990；Thomas，1995；俞东明，1997；Fredsted，1998；Zhang，1998，2000；吴亚欣，2004）。由此可见，语言模糊研究可以区分为两个重要阶段：语言本体模糊研究阶段与语言交

17

际模糊研究阶段。下面我们分别从语言本体模糊的研究与语言交际模糊的研究两个方面来回顾前人研究的成果，呈现学界在这两个阶段取得的成果的同时，剖析其存在的不足之处，揭示语言与模糊关系问题研究的发展趋势，以期推动语言交际模糊研究的进一步发展。

2.2.1 语言本体模糊研究

语言本体模糊研究主要是指以语言本身为出发点，研究词汇、语义、句法等方面的模糊现象。具体研究包括以下几个方面：最初的词汇语义边界模糊（semantic fuzziness）研究；其他相近语义现象的研究，比如语言的"歧义性"（ambiguity）、"含糊不清"（vagueness）、"近似性"（approximation）、"概括性或笼统性"（generality）及"不确定性"（indeterminacy）等；模糊限制语研究；模糊语法研究等。以下将对几种模糊语分别进行回顾。

2.2.1.1 关于语义边界模糊的研究

《马克思恩格斯全集》第二卷中曾经描述了一段历史，反映了英国工人当时的悲惨生活。19世纪中叶，英国资本家们为榨取更多的利润，每天把劳动时间延长到十二小时以上，遭到了工人的强烈反对。由于那时有禁止夜工的法律，英国议会不得不通过一项决议，"规定工厂法案中'夜间'一词应理解为晚上六点到早上六点这一段时间"。于是剩下的工作日就不可能超过十二小时了。从这个故事当中我们可以看出，"夜间"一词所表达的概念的外延是不明确的，是一个较为模糊的概念，因此资本家们挖空心思地把夜间的时间规定得很短（伍铁平，1979）。稍加留意不难发现，其实人类语言中许多词语表达的概念都没有明确外延界限，都是"模糊概念"，比如"早晨""上午""下午"等概念，而且不同文化背景的人对之都有不同的定义和理解。比如中国人理解的"早晨"一般到八九点钟，但欧洲人则认为上午十一点之前都可以称为"早晨"。

由于人类语言存在许多模糊概念和模糊语言，美国科学家查德（Zadeh，1965）提出了"模糊集"（fuzzy sets）的问题，并从此产生了一系列新的学科，比如模糊逻辑学、模糊数学等。语言学界由于受到了以Zadeh（1965）为代表的模糊数学理论的启发，展开了对语言本体模糊现象的探讨，最初主要讨论的是语言的语义边界模糊问题。从此，国内外学者纷纷对模糊性进行研究与探讨，提出了一系列的观点与看法，模糊语言学也在此理论基础上应运而生。

Ullmann（1962）认为，一些词汇之所以显得模糊，是因为"有模糊边界"。这个看法是基于词语本身概念意义边界不清的情况而产生的。张乔（1998）认为语义模糊的词往往是那些"外延界限不确切的词汇，具有主观性、非定量性、粘连性和变异性"。陈新仁（1993a）认为，语义模糊性是指特定范畴的边界与另一相邻范畴的边界之间没有明确的分界线，或者说特定范畴在中心位置非常明确地具有该范畴的特征，而在其边界部分该特征则逐步弱化。譬如，"红"色有很多种，红与"粉""橙"等之间是一个逐步转化的过程；而"大"与"小"之间也没有一条必然的分界线，两者处于一个连续统（continuum）上。

研究模糊语言的鼻祖 Peirce（1902）指出，模糊性是语言的固有属性。伍铁平（1999）认为，人类的思维是由存在决定的，客观存在的模糊性决定了大脑思维的模糊性；同时，大脑思维的模糊性决定了语言的模糊性（lingual vagueness）。客观世界中存在着大量的模糊现象，人类对客观世界的认知能力也存在一定的局限，因而在语言中便形成了各种模糊词。比如表示时间的词（早、晚等），表示年龄的词（如青年、中年、老年等），表示颜色的词（如红、绿、蓝等），表示味觉的词（如酸、甜、苦、辣等），表示温度的词（如冷、凉、温、热、烫等）都是模糊词。伍铁平（1999）认为，在模糊词的连续统的中间部分，很少存在模糊性；模糊性主要出现在连续统的两端的边缘部分。

伍铁平（1979）根据模糊的结构形式将边界模糊分成三种：第一种是下限没有明显界限，而上限有界限的模糊，如"热水"的最高温度是100℃，而它的最低温度则没有一个明确的标准；第二种是上限没有明显界限，而下限有边界的模糊，如"冷水"的最低温度是变成冰时的温度（一般情况下为0℃），而它的上限却没有一个具体的温度标准；第三种是最低和最高都没有明显界限的模糊，如"中年"就没有一个很清楚明了的年龄范围。

2.2.1.2　相近的语义模糊现象研究

语言模糊除了语义边界不清现象，还存在一些其他的模糊现象，如语言的"歧义性""近似性""概括性或笼统性""不确定性""含糊不清"

19

等（Zadeh，1965；Zwicky，1975；Peirce，1991；Tuggy，1993；Zhang，1996，1998；何自然，2000；etc.）。总的来说，这些模糊研究可以简单概括如下：

"歧义性"指的是一句话中的某个词或结构容许多重理解的性质或特点。比如"我借他十块钱"，这句话从理论上讲既可以理解为"我向他借了十块钱"，也可以理解为"我借给他十块钱"，因此具有歧义性。歧义或模棱两可也是语言的一种常见现象。语言的歧义现象又可以分为几种，如词汇歧义：同音异义词（如 bear/bare、meet/meat 等），同形异义词（如 bear、meet 等）；此外还有语法结构导致的歧义，表现在某个句子成分放在孤立语境当中时可以有两种或两种以上的理解，如"old man and woman"既可以解释为"（old man）and woman"，也可以解释为"（old）（man and woman）"。"近似性"表示程度或性质相接近的语言，如"大约""左右"。表达近似性的词汇经常充当"模糊限制语"（见后文），只是后者范围更大。"概括性或笼统性"指的是特定语言单位本身包含的语义内容比较宽泛而不够具体的性质，比如"我送你一束花"中的"花"，"树林里有许多鸟"中的"鸟"。"不确定性"是指使得话语内容变得不肯定的语言，如"可能""也许""我认为""我觉得"等。"含糊不清"表示使得指代的对象不具体或不清楚的语言，如"有些人的一些想法很怪"中的"有些""一些"。

有的学者热衷于区分上述各种模糊现象，但何自然（2000）认为，语言的模糊或含糊问题要从语言的使用和理解的角度去分析才有意义。例如，歧义问题只有放到特定的语境中讨论才有意义。这样的观点触发了语言交际模糊的研究转向。

2.2.1.3 模糊限制语研究

除了研究上述各种语义模糊之外，一些学者还关注语言中广泛存在的模糊限制语（hedges）。模糊限制语可以是词语，也可以是小句。这些本身语义模糊或者不确定的限制语通常被用来修饰其他语言成分而使得其他语言成分变得模糊。

1. 模糊限制语的定义

模糊限制语作为一个语言学领域的术语，最初是由 Lakoff 在 1973 年发表的一篇题为 Hedges: a study in meaning criteria and the logic of fuzzy concepts 的文章当中提出的。随后，一部分学者对模糊限制语给出了定义，比如 Zadeh（1972）和 Lakoff（1973）都从功能角度加以定义，认为模糊限制语是一些"把事物弄得模糊或不那么模糊"的语言成分。Brown & Levinson（1987）认为，模糊限制语是"在某种条件下可以部分地改变话题真值程度的分词、词或词组"。Channel（1994）将模糊限制语定义为"说话人或作者为表明所述事件真实程度而使用的词语或表达方式"。Jaszczolt（2005）则认为，模糊限制语就是指那些通过放宽真实性或可接受性条件来修饰诸如名词短语、动词短语或句子等其他范畴的单词、短语或小品词。总的来说，Zadeh 和 Lakoff 突出模糊限制语限制概念模糊度的功能，注重语义上的逼近性，Brown 和 Levinson、Channel 以及 Jaszczolt 等人则更关注说话人对真实性程度的改变，但无论是关注语义变化，还是关注语用变化（何自然，1985），模糊限制语的使用都体现了说话人对命题内容或命题态度所作的限制，以便更真实、准确、得体地描述和反映客观世界。这些学者之间只是关注点不同，表达方式相异而已。

2. 模糊限制语的分类

自模糊限制语进入学术研究以来，学者们从各自不同学科角度出发，对模糊语进行了分类，在此我们考察几个有代表性的分类。Hyland（1998）从两个角度对模糊限制语进行了分类，分别是语义角度和语用角度。他认为，模糊限制语从语义角度可以分成两类：一类是词汇模糊限制语（lexical hedges），包括动词、副词、形容词、情态动词、情态名词等；另一类是策略性模糊限制语（strategic hedges），包括限制条件，参照一个模型、理论、方法，或者承认知识有限等。从语用角度来看，他认为模糊限制语也可以分成两种：一种是以读者为导向（reader-oriented）的模糊限制语；另一种是以内容为导向（content-oriented）的模糊限制语，包括以作者为导向的模糊限制语和以准确性为导向的模糊限制语。Prince 等（1982）将模糊限制语分为两类：一类是变动型模糊限制语（approximator），它改变话语的真值，或者给原定的话语一个变动的范围，属于语义的范畴，可划分为程度变动语（adaptor），如 kind of、sort of、a little bit 等；范围变动语（rounder），如 about、around、approximately、roughly 等。另一类是缓和型模糊限制语（shield），它不影响句子的真值条件，只表示说话人的语气和态度更加缓和，属于语用范畴，可划分为直接缓和语

（plausibility shield），如 I think、I guess、I wonder 等；间接缓和语（attri-bution shield），如 according to sb.、it is said that、it assumed that 等。

以上两位学者的分类比较详细，种类相对较多；除此之外，也有一些学者对模糊限制语进行了相对比较宽泛的分类。比如，Zadeh 将模糊限制成分分为两大类：第一类是直接修饰模糊词的，如 very、more or less，这类词不能修饰非模糊词；第二类模糊限制成分的作用是说明它们是从哪个方面作用于模糊词的，这类模糊词有 essentially、technically、actually、strictly speaking、in a sense 等。何自然（1985）将模糊限制语分成两大类：一类是替换性模糊限制语（alternative hedges：about，roughly），另一类是缓和性模糊限制语（mitigating hedges：I suppose）。其中，缓和性模糊限制语又可以分为直接缓和模糊限制语（direct mitigating hedges）与间接缓和模糊限制语（indirect mitigating hedges：it is well-known that）。

3. 模糊限制语的功能研究

由于模糊限制语在交际中应用广泛，许多学者从不同的理论角度对其功能进行了探讨。比如徐章宏、何自然（2012）认为，模糊限制语的功能有：①满足合作原则的期待；②排除模糊性，逼近真实性。白海瑜、惠春琳（2004）认为，模糊语言的语用功能可以体现在诸多方面：①概括功能；②礼貌功能；③委婉功能；④同情功能；⑤强调功能；⑥自我保护功能。韩曙光、刘宇慧（2007）认为，作为模糊语言家族的一员，模糊限制语在言语交际中的语用功能体现在四个方面。第一，模糊限制语可以使表达更精确。英语模糊限制语具有"使事物更加不模糊"（Lakoff，1973）的功能。第二，模糊限制语可以掩饰说话人信息的不足。说话人描述事物或表达观点时，往往会使用某些模糊限制语来表达一些不够确定的信息，掩盖说话人的不确定性。第三，模糊限制语可以使话语表达更有礼貌。模糊限制语的使用，可以在清楚表达会话含义的情况下尽量避免将意见强加于人，以免显得太过武断。Brown 和 Levinson 指出，言语交际中当说话者要表达一些可能会损害听话者面子的信息时，有时会选用模糊语言（Channell，2000），避免让对方显得过于尴尬，下不了台。第四，模糊限制语的使用可以体现说话人的幽默。模糊限制语的使用可以使语言显得生动、丰富，有时会呈现出一种机智、诙谐、幽默、讽刺而又不乏情趣的意境，表达某些特定的感情色彩，增强行文的修辞效果（李萍、郑树棠，2005）。

除此之外，还有少量级别不是太高、影响不大的模糊限制语功能研究，基本与上述研究有重合和类似之处，因此我们在此不再赘述。

2.2.1.4　语音和语法的模糊性研究

许多语法学家都一直感到语言中的词跟词组、词缀跟词、复合词跟派生词、单句跟复句等之间的界限有时很难区分。因此，模糊理论的提出在语言学界产生了巨大的影响。美国著名生成语义学者 Lakoff 曾在 1972 年纽约词典学国际研讨会上作了一个关于运用模糊理论来研究词汇的报告，引起了众多语法学家的兴趣和关注（伍铁平，1980）。

徐盛桓（1992）在《当代语言学研究的一些趋势》一文中从方法论的角度对此现象进行了阐释。他认为，模糊数学的方法对语言相关现象的分析和研究大有启示，可以让人们对可数性、主语性、宾语性等语法现象加深理解和认识。宋志平、唐邦海（1991）曾在《渐变：探讨语法中模糊现象的新途径》一文中采用"递差"的概念详细分析了词类之间或词类内部的渐变、句法结构的渐变，以及句和词之间的渐变。此外，认知语言学的原型理论也被用于语法的模糊性研究。比如，袁毓林（1995）在《词类范畴的家族相似性》一文中运用原型范畴理论研究汉语的词类，建立了一个汉语词类系统。徐云珠（1995）在《原型理论和半情态动词语义学》一文中则采用原型理论分析了半情态动词 be able to 的语义范畴的内部结构。

模糊语法研究也有一些代表性的学者和观点。陈新仁（1993b）从语法系统内部层次结构（静态）和结构生成（动态）两个角度，对语法结构的模糊性作了初步探究，认为语法结构本质上是模糊的。俞东明（1997）将语法当中的模糊现象看作歧义（ambiguity），并且将语法歧义（grammatical ambiguity）和语用模糊进行了区分。语法歧义现象，就是指有些听起来相同或看起来相同的话语，在字面上可以有不止一种解释（石安石，1994）。以上几个语法模糊研究比较具有代表性和影响力，其他少数相关研究，我们在此不再一一详述。

总体来看，上述语言本体模糊研究主要是针对语言自身模糊特性的静态描写，并没有涉及模糊语言的实际使用以及其他更复杂的动态模糊现象。比如，有些模糊语言在实际使用中可以使表达更清晰，而有些精确的词汇或句子结构在不同语境中却会产生模糊效果和功能。诚如何自然（2000）所言，从现实交际的角度来考察模糊语言，关键是要考察各种各样"不清楚"的概念在语用上如何表现出含糊，这样才更具有实际价值。于是，有一些学者逐渐开始研究交际现实中的模糊现象，关注不同话语中模糊语使用的语境和涉及的交际目的，从而进一步拓展了模糊研究的宽度与深度。

2.2.2 语言交际模糊研究

这部分的语言交际模糊研究回顾，我们主要从两方面进行，一方面回顾语用模糊或含糊（pragmatic ambivalence）的概念探讨，另一方面回顾涉及模糊语言在特定体裁中的功能研究。

2.2.2.1 关于语用模糊的概念探讨

英国语言学家 Channell（1994）在《模糊语言》一书中着眼于语言学的实际应用，将语用学原理应用于模糊语言的研究，描述模糊语言具有的不同形式，并探讨它们的语用价值。Channell（1994）认为：语言中某些词语的使用可以将语义模糊化，如"大约"（即模糊限制语）；而模糊数量语义则是由一个连续的数字域来表现的，如"大约二十"；不同的模糊量化修饰将控制数字域的制定，如"大约二十"和"二十多"等。同时，含有精确数字的词语也可能表示模糊语义，如"我们后天下午两点钟会面"，这句话中的"两点"就可能是一个模糊词语，即"两点左右"。在讨论"类似电影之类的东西"这种模糊词语时，Channell 把"类似……的东西"叫作"标签"。这类"标签"可以形成一个模糊范畴，这个范畴的制定与语义和语用相关。某个范畴以典型元素为中心而构成，如"电影"就是"类似电影之类的东西"这一模糊范畴的中心成分。她认为交际者需要从语用角度来识别某一模糊范畴，而语用范畴涉及交际语境、交际目的、交际者之间的关系、社会文化背景知识等（Channell，1994）。

目前国内有关模糊语言学的研究方兴未艾，尤其自 20 世纪 90 年代以来，涌现了一批关于模糊理论研究的专著及论文，如陈治安、文旭和刘家荣（1997）的《模糊语言学概论》，张乔（1998）的《模糊语言学论集》，伍铁平（1999）的《模糊语言学》等，使得模糊理论成为语言研究的一种重要方法论。同时对模糊语言的研究也已深入语言研究的各个层面，其中对模糊语义和词义的研究及有关的讨论一直未曾中断过（吴世雄、陈维振，2001）。除此之外，语用模糊的研究也呈现逐渐增长的趋势，如俞东明（1997）就语用模糊与语法歧义的范畴作了对比研究；何自然（2000）对言语交际随意言谈中的语用含糊分别就寓意和非寓意情况作了分析和区别；林波（2000）从动态语用学角度对语用模糊现象作了探讨；项成东（2002）对语用模糊中的歧义作了动态语用研究等。

语用模糊是一种交际现象，是交际者在交际活动中表达交际意图或理解话语时出现的种种不确定特征的总称。语用模糊与其他模糊研究的一个重要区别，就是把语言的模糊现象放在交际语境中来考察（林波、王文斌，2003）。根据 Thomas（1995），语用含糊指的是说话人在特定的语境中使用同一话语向听话人传递两种以上截然不同的言外之意，从而使说话人的意图具有模糊性和不确定性的特征，或者说话人在特定语境或上下文中使用不确定的、模糊的或间接的话语向听话人同时实施数种言外行为（illocutionary acts）或表达数种言外之力（illocutionary forces）这类现象。例如：

Would you like to come in and sit down?

这句话可以同时向听话人传递"邀请、请求或命令"等不同的言外行为，也可以是三种言外行为兼而有之，不同行为彼此之间的界限是模糊的。

俞东明（1997）将语用模糊进行了分类，指出语用模糊大致有下列几种类型：①多重语用模糊（pragmatic multi-valence），即说话人在话语中对不同的听话人表达其不同的言外行为；②双重或数重语用模糊（pragmatic bivalence / plurivalence），指一个话语对同一位听话人表达两个或两个以上的言外之力；③条件性的双重言外行为（conditional bivalent illocutionary act），可用句式：If X then Y；If not X then Z；④话语性语用模糊（discoursal ambivalence）。林波、王文斌（2004）认为，语用模糊是交际的一种常见现象，是交际者在交际活动中表达意义和理解意义时出现的种种不确定现象的总称，也是交际差异性、动态性和顺应性的产物。从认知语用的视角来看，语用模糊可分为两种：一种是消极语用模糊，指由于认知、表达及意义映射而产生的模糊；另一种是积极语用模糊，主要是指交际者为了达到特定的交际效果而有意识采用的模糊表达。林波（2000）也从动态语用角度探讨了语用模糊在言语交际中的动态性及动态过程。该文章认为，语用模糊在交际中的最高层面是意义的交流，交际动机对语用模糊的使用起到导向性作用，而语境对语用模糊有制约作用。语用模糊使话语具有一定的潜在含义，有助于产生特定的交际效果，而听话人的反馈会使话语产生相应的意义，同时推动交际的动态发展。

2.2.2.2 模糊话语在不同体裁中的交际功能研究

近年来，模糊限制语的使用在国际上也引起了学术界的关注。2007 年 7 月在瑞典的歌德堡大学召开的第十届国际语用学研讨会上，Stefan Schneider、Gunther KaltenbÊck 和 Wiltrud Mihatsch 等学者专门组织了三个专题小组，讨论口语和书面语中模糊限制语的使用情况。很多研究者从各自的学科角度、在不同的体裁和语境中对模糊语言的使用进行了研究。这部分研究有理论的探讨、概念的澄清，也有不同语境中的定性或定量研究，涉及不同体裁、不同语境中的功能和使用研究。大多数研究从语用学角度，借鉴会话原则、礼貌原则、合作原则、语言顺应论等理论，探讨不同类型的模糊语言在不同体裁中的交际功能，研究涉及法律、外交、医学、军事、广告、公示语及教学活动等体裁。

法律体裁虽然原则上要求精确，但是由于种种原因，其中也充斥着模糊语言的使用，已经有学者对此领域的模糊语言展开了相关研究。刘蔚铭（2003）、汤洪波（2011）等分析了法律语言的模糊性及其成因。肖云枢（2001）、魏小璞（2005）等研究了法律英语模糊词语的运用情况及翻译。高洁英（2012）认为，模糊限制语近年来的研究方兴未艾，但在特定语境下的理解并未得到应有的关注和语用阐释，因此她以法庭回答语境下的模糊限制语为分析对象，基于 Sperber 和 Wilson 的关联理论框架，探析法庭回答中模糊限制语的作用与理解。作者认为，模糊限制语促使听话人通过新信息加强现存的语境假设、新信息与现存的语境假设相互矛盾及新信息与现存的语境假设结合产生语境含义三种方式取得语境效果。肖唐金（2006）从批评语言学角度对美国法庭语境进行了分析，发现模糊语言的多样性，而且强调了模糊语言并非歧义语，其社会功能显著。蒋婷（2012）采用语料库的分析途径，分析了立法语言中模糊限制语这一语言现象，发现其有其他词语不可替代的语用功能。庞建荣（2003）讨论了法律语言中的语用模糊现象，探讨了法律语言中模糊语言存在的理据及适用范围。

模糊语言在医学话语当中的使用也非常普遍。张梅（2004）研究了医学英语中模糊语言的功能与翻译，认为医学英语中模糊语言的功能有：①表达礼貌与尊重；②增强命题的准确性和可信度；③表示谦虚，进行自我保护。徐章宏、何自然（2012）基于自建语料库探讨了模糊限制语的本体属性和语用功能。研究发现：①模糊限制语可以体现说话人的元语用意识，并让交际双方实现更高层次的合作；②模糊限制语可以更真实准确地反映客观世界；③模糊限制语的使用不当可能会引起语用失误。吴会娟和甘代军（2016）研究了医患叙事中模糊限制语的使用情况及其语用功能。他们认为，医患叙事中的模糊限制语从某种程度上体现了医学表达的模糊性和医疗效果的不确定性。模糊限制语的使用可以满足医学、医疗的实际需求，发挥其特有的社会功能，从而体现医疗的科学性，实现医患交际的和谐性与人文性。此外，模糊限制语的使用还可表达医生对病人的关怀，也可实现医患双方的自我保护等。孙飞凤和阳方玲（2016）研究了医患模糊限制语的不礼貌现象。该研究基于（不）礼貌理论框架，采用医患交际的真实语料，从话语分析视角探讨医患模糊限制语的使用与（不）礼貌框架的关系。研究发现，医患双方既可用模糊限制语来实施礼貌策略，有效维护对方面子、建立良好医患关系，同时还可在医患双方发生分歧而威胁对方面子时起到强化作用。

国防语言和外交用语的模糊语言也是一种常见现象，在一定情况下可以产生特定的功能与作用。比如，周红红、王德丽、姚文俊（2012）研究了美国国防语言中模糊修辞的特征和语用功效。郭立秋、王红利（2002）研究了外交语言的模糊性，如何巧妙运用，以及如何理解模糊语传达的言外之意。李瑞（2012）认为外交模糊语言的运用可以表示礼貌、创造和谐气氛，以及达到某种交际目标，是外交活动中必不可少的一种言语技巧，然后在合成空间理论的框架下对外交模糊语言的意义进行认知解析。

除此之外，现有研究还涉及学术话语、课堂话语等的模糊现象。冯茵、周榕（2007）等对比中英学术论文摘要中模糊限制语的交际功能等情况。蒋婷（2006）基于语料库研究了学术英语中的情态模糊限制语。还有少量的课堂教学体裁下的模糊研究。比如，朱洁（2012）在课堂教学交际情景下，从模糊语言使用的角度，探讨教师如何在英语教学语言中巧妙利用多种模糊手段以适应语境需要，实现提高多种语言表达效果等语用功能。白云（2011）在语义分析的基础上，结合格赖斯的合作原则，讨论人们在语言交际中使用模糊语言的语用功能。

也有一些研究同时涉及多种体裁。例如，吴亚欣（2004）采用了 Jef Verschueren（1999）的顺应论，基于文学作品、电视剧和日常会话语料，研究了说话人有意识地使用模糊语言的交际策略性。研究主要考察了变异性、顺应性和语用含糊的功能性三个方面。通过仔细分析语料，作者总结出三种语言实现方式：提高话语的语境依赖性；扩大话语的理解范围；拉大表达观点与其表达方式之间的距离。

总体来看，大多数研究结果呈现出模糊语言的正面和积极的语用功能，只有少数模糊语言研究涉及其负面功能。例如，陈新仁、陈娟（2012）通过考察房地产广告中模糊语言的使用频率、涉及方面及模糊类型，结合对于广告受众的访谈，从批评语用学的角度讨论广告主使用模糊语言进行广告宣传的动机及对消费者可能引发的理解偏差研究。研究表明，模糊性商业广告用语在语用效果上具有美化渲染的功能，客观上可能成为引发商业纠纷的隐患。赵凤兰（2008）认为，广告中的模糊表达使得广告语言更具吸引力和说服力，其语用功能帮助广告达到促销目的。然而，作者也指出，广告英语中模糊词语的运用违背了 Grice 的合作原则，导致广告文本理解与现实不符，具有误导与欺骗功能。

2.3 文献述评

以上我们回顾了几组关键概念，并对模糊语的不同研究视角和路径进行了梳理。从以上分析我们可以看出以下几点趋势与不足：

第一，语言的模糊研究已经从一开始基于语言本体的静态模糊研究，拓展到交际中的动态模糊研究，开始考虑到了模糊现象所处的交际语境和交际目的。这个研究趋势显然更加关注现实交际中的模糊语言使用，为今后的模糊话语的研究确定了明确的方向，奠定了很好的研究基础。

第二，以往的语言模糊和语用模糊研究往往偏重语言形式，大多借助 Halliday 的系统功能语法进行文本分析，只关注到语言本身的属性；或在语言模糊与特定交际功能或目的（包括欺诈目的）之间建立单一、固定的联系，对欺诈话语的语言特征研究尚停留在一个比较宽泛的描述阶段，而这种静态的研究视角和宽泛的描述显然还远远不够，对交际者双方及社交语境的考察相对不足，从而导致在话语实践和社会实践的分析方面亦显得力不从心。语言形式与欺诈的内在关联及其运作的内在机制有待进一步深入挖掘。

第三，以往研究对影响交际的模糊话语的形成原因和类型的分析尚处于一个初步探讨的局面，还未形成一个宏观具体的体系，缺乏系统的梳理。因此，今后模糊话语的研究需要从交际角度出发，从现实交际话语的层面，更加综合、全面地整合模糊话语的分析框架。

2.4　小　结

本章第一部分首先对模糊语言与语言模糊、模糊话语与话语模糊等几组关键概念进行了区分和界定。第二部分将现有的语言模糊研究分为两个阶段进行梳理和回顾，发现语言模糊的现有研究主要经历了两个阶段，分别是语言本体模糊的静态研究阶段和语言交际模糊的动态研究阶段。语言本体模糊主要涉及语义边界模糊的研究、相近的语义模糊现象研究、模糊限制语研究和模糊语音、语法研究；语言交际模糊的动态研究主要涉及语用模糊研究和模糊话语在不同体裁中的交际功能研究。从语言模糊研究的总体发展趋势来看，目前已从早期独立于语境的静态研究逐渐转向结合语境展开的动态研究；而且从模糊语的交际功能来看，目前主要关注一些正面积极功能，而对其可能产生的负面功能探究仍有待进一步拓展。因此，本书拟结合欺诈性广告语料，考察模糊话语在广告中可能产生的负面欺诈功能，并挖掘其中的欺诈认知机制，从而进一步丰富现有的模糊语研究成果。

第 3 章

广告话语中的模糊语研究及电视直销广告话语研究

本章主要对广告话语中模糊语的相关研究和电视直销广告话语的相关研究进行回顾和述评，旨在总结前人研究的相关成果，并寻找到本书拟突破的空间，凸显本书的重要性和必要性，力求在前人研究成果基础之上，从理论与实践两个方面予以拓展，进一步充实和丰富模糊语领域的研究成果。

3.1　广告话语中模糊语的相关研究

广告话语中的模糊语研究近年来也呈现增长趋势。下面笔者将从广告话语的语用学及修辞学视角、批评话语分析视角、批评语用学视角等几个方面分别进行回顾。

3.1.1　语用学、修辞学视角下广告话语中的模糊语研究

如前所述，广告话语中模糊语言的使用也引起了许多学者的兴趣。目前相关研究涉及模糊语言的概念和分类、语用功能、语用修辞效果等方面。下面我们简要对一些主要文献进行相关回顾。

模糊语言在广告中的使用特点和语用功能是学者广泛关注的一个话题。例如，钟守满、王凌（2000）认为广告中模糊语言的出现是为了满足广告语言表达交流的需要，并从语音、词汇和句子三方面对英语广告中的模糊现象进行了分析和探讨。温雅琴（2010）认为，广告话语中的模糊语言非常丰富，其目的是更好地促进商品的销售，因为模糊语言比较简练，而且包含较多的信息量，能够更好地满足广告语言表达的需求。该研究在分析英语广告实际案例的基础上，探讨了模糊词汇和模糊修辞在英语广告中的使用情况，同时指出了模糊语言在英语广告中发挥的语用功能。欧阳巧琳（2002）、赵秋荣（2003）、曾征（2009）等从语用学角度探讨了模糊语言在广告中的运用，对模糊语言的存在、发展历史、出现的原因、模糊语言的分类以及在广告中的语用功能进行了探讨。曹钦明、赖淑明（2005），廖东红（2005）对广告中的模糊修辞及其语用功能进行了论述。贡灵敏、蒋跃（2007）对广告中的模糊词语进行了统计学和语用学分析，结果表明英语广告中模糊语言大量存在，语言的模糊性能够让广告取得特

殊的表达效果。杨向娟（2009）发现商业广告和个人征婚广告中模糊限制语的应用体现了其广泛性和丰富性，并且具体分析了模糊限制语在这两类广告中的语用功能。黄丽华（2010）考察了一些网络广告语言的词汇模糊和句法模糊，并简单探讨了这些模糊用法的语用功能。作者援引了 Channel（1994）关于模糊词语的语用功能的总结：①表达较为适切的信息；②表达说话人不想提供精确信息的交流态度；③可产生劝导功能；④可在词义中断语境下作为过渡表达；⑤表达说话人掌握的信息暂不翔实；⑥具有替代信息功能；⑦可对说话人产生自我保护功能；⑧可用于表达说话人的礼貌态度，给自己和他人都留有一定余地；⑨可达到非正式交流的效果；⑩可用于体现女性语言表达特征。这十点从说话者和听话者的角度比较全面地概括了在不同语境条件下模糊语言的语用功能。孙然（2010）认为，在英语广告中，①③⑧⑨是经常出现的情况，这与广告语言凝练、含蓄、富有表现力和鼓动性的特点有关。林凡（2018）分析了英文房地产广告中模糊语言的使用特点，并探讨了英文广告中模糊语言的翻译策略及产生的效果。杨铭（2017）分析了茶叶广告中模糊语言的语用功能，也探讨了模糊语言的翻译策略问题。

一些学者从语用学角度研究广告中模糊语言的使用动机问题。例如，蓝希君、汪远琦（2009）采用 Verschueren 的顺应论分析广告中模糊语言的表现形式及其动机，为广告主的广告语创作提供借鉴，为消费者更好地理解模糊语言提供了若干建议。他们在文章中主要考察了两大类模糊语言形式：一类是以词汇表示模糊，包括模糊动词和描述性形容词；另一类是以修辞表示模糊的现象，包括明喻和暗喻。刘娜（2011）从关联理论的角度分析了英语广告是如何通过模糊限制语来获得最佳关联、吸引消费者注意力并达到商品促销目的的。

从修辞角度对广告中的模糊语言进行的研究同样数量众多。比如贾玉洁（2006）从修辞学角度讨论了广告英语的模糊现象。赵静（2001）认为，模糊修辞是研究运用语言的模糊性来提高表达效果规律的科学，许多广告语正是通过模糊修辞来加大作品的未定度和空白度，从而激发人们的想象。董印其（2009）以模糊修辞理论为基础，对广告语中模糊修辞所发挥的语言功能进行论述，并进一步指出模糊修辞能使人们在理解语言和运用语言时更为合适得体。

除此之外，也有少数学者对广告话语中模糊语言使用的负面效果进行分析。吴亚欣（2002）通过分析广告语中模糊语言对消费者心理规约的顺应，指出广告中使用模糊语言会产生负面效果，滥用模糊语言会产生迷惑甚至误导作用。邹俊飞（2010）发现某些广告商不恰当地使用模糊语言，回避问题，误导消费者，存在诱导消费者的嫌疑。正因为一些广告话语具有负面功能，一些学者开始引入批评分析视角加以剖析。

3.1.2　批评话语分析视角下的广告模糊语研究

广告话语的批评话语分析方法涉及的对象主要是报纸印刷平面广告，也有一部分涉及多模态视频广告等。就分析的框架和模式而言，很多研究者采用 Fairclough 的三维话语分析模式，即把话语视为由话语实践（discourse practice）、社会实践（social practice）和文本（text）三个维度构成的统一体，探讨文本、话语实践和社会实践的辩证关系。比如，许丽娜（2008）介绍了批评性话语分析的理论框架和方法，并以真实的广告语篇为例，揭示了现代商业广告在推销产品的同时也在隐性地向消费者推介一种以消费为导向的意识形态。吴伟军（2012）在运用 Fairclough 的三维话语分析模式的同时借鉴 Halliday 的元功能理论，从电视广告文本、话语实践和社会实践的统一体进行分析，从而揭示语言与意识形态和权力之间的关系。赵霞、朱晓萍（2010）利用类似框架，就时尚杂志广告中的性别构建问题，分析了广告话语中的女性性别歧视现象，以期引起社会的关注。贾梦琦（2012）运用批评性话语分析理论，通过对西安的房地产围挡广告进行分析，研究了房地产商是如何通过语言建构与受众者之间的关系，从而获取权势地位，诱导消费者进行"不对等"消费。

由以上回顾可以看出，目前国内广告话语的批评分析研究数量并不多。就研究的理论支撑而言，研究者们大多借助 Halliday 的系统功能语法，重点集中在从分类、及物性、情态、转换等方面对文本层面进行探讨。然而，这样的文本分析只关注到语言本身的属性，对交际者双方因素及社交语境的考察不够，从而导致对话语实践和社会实践的分析显得力不从心。

3.1.3　批评语用学视角下的广告模糊语研究

以往广告话语的语用研究涉及的内容包括指示词现象、预设现象、语码混用现象、转述语言现象、模糊语现象、语用失误现象等，主要考察了广告中使用的语用策略及语用功能，但是对这些语用策略背后有时存在的不良动机的剖析尚显不足，因此有必要引入批评话语分析的方法，进一步丰富和拓展广告话语的语用研究成果。

目前，国内外批评语用话语分析方面的研究才刚刚起步，仅有的几篇文献如下：梁小芳（2012）在对化妆品广告的批评话语分析中采用了语用理论，如预设和模糊语的语用学分析方法和手段。蒋慧（2008）运用会话合作原则，分析了一些广告话语传递的言外之意或会话隐含，认为某些广告商会利用会话隐含的方式以吸引受众的注意，刺激其消费的欲望，从而说服受众购买其产品，而这种隐含承诺具有欺骗性的一面。同年，赵凤兰（2008）发文指出，广告英语中经常充斥模糊表达，这些表达尽管可以使广告语言更具吸引力和说服力，可以帮助广告商达到促销的目的，然而一些模糊词语的运用却会违背格赖斯的"合作原则"，导致广告文本理解与现实不符，具有误导与欺骗消费者的嫌疑和客观效果。这几篇文章事实上已经在尝试使用批评语用分析的方法分析广告话语，但是研究者们并没有明确提出批评语用分析法这个概念。

批评语用分析这个概念最初是由丹麦语用学学者 Jacob Mey（1993）提出的，但是自提出以后并未受到足够的重视。国内学者陈新仁于 2009 年在批评话语分析研究开展得如火如荼的背景下再次重申批评语用分析这一概念，并较为系统地构建了该研究领域的目标、对象和方法。随后，陈新仁、陈娟（2012）从模糊现象的角度对商业广告用语进行了批评语用分析。该文章从批评语用学视角分析了商业广告用语中模糊语使用可能潜在的"语用陷阱"。这些被作者称为"语用陷阱"的话语方式往往顺应了广告主或卖家对消费者的特定社会心理，其根本动机是更有效地招徕顾客，获取利润。陈新仁（2018）从批评语用学视角对商业广告中的身份构建类型、分布情况及所采用的话语策略进行分析，揭示了广告商所采用的身份套路及其所产生的商业效果。朱金兰（2018）从批评语用分析的角度对涉嫌欺诈的保健食品广告语中的语用模糊展开了分析，考察了其中语用模糊的分布、类型以及负面的语用功能，旨在提高广告受众的辨别意识。钱永红（2020）分析了网络电信诈骗中的身份建构策略，并从顺应论角度对身份建构诈骗策略得以成功实施的社会心理因素展开了分析，进一步丰富了批评语用学的研究成果。

从以上仅有的几篇文献来看，关于广告话语的批评语用分析取得了一定的成果。然而到目前为止，相关研究论文的数量还比较少，在分析方面还存在一些不足（如将特定的语言形式与欺诈挂钩；分析基于研究者自身视角；分析依赖零散的例子），因此有必要借助语用学理论工具，引入交际者视角，采用实证研究方法，进行更为全面、客观的批评语用分析。

3.2　电视直销广告话语研究

电视直销广告话语方面的研究目前还为数尚少。然而，由于电视直销业带来了各种社会问题，已经有相关学者开始对其进行关注和研究。目前关于电视直销广告研究的重点主要集中在分析电视直销现存问题及其产生原因，并提出相关问题的解决方案，解决方案主要是法律法规制度的健全和完善及行业规范的建立、行业形象的树立等方面。下面我们来回顾一些电视直销广告话语研究的相关文献。

3.2.1　电视直销广告的广告学及法学等多角度研究

电视直销是由制造商或代理商以各种情节和故事的形式进行设计和包装，并制作成欣赏性和娱乐性较强的电视纪录片或专题片，借助电视平台开展功能演示和销售宣传的一种销售手段。它最早于 1982 年发端于美国佛罗里达州，随后很快席卷全美，并被称为"零售业的第三次革命"（王琳，2013）。我国最早于 1996 年引进了电视直销这种销售形式，并由北京电视台播出，且第一年就创下了近两亿元的销售额，全国各家大小电视台都开始纷纷效仿、趋之若鹜。但由于缺乏行业协会的自律性约束和职能部门完备的行政监管机制，且相关法律监管文件的出台也相对滞后，电视直销行业逐渐出现各种暴利和虚假宣传等销售乱象。

由于信息的缺失和不对称，电视观众对很多商品不熟悉，也无法接触商品本身，因此容易出现判断失误偏差。而且老百姓对电视媒体普遍存在信任心理，往往会倾向于相信直销广告的宣传并实施购买行为，最终蒙受经济、身体和心理等多重损失。由于电视直销广告逐渐成为投诉的重灾区，2007年国家广电总局、工商总局联合颁布了相关产品的"禁播令"，并对全国电视购物行业进行联合整肃，将瘦身丰胸、减肥增高等"黑五类"产品驱逐出电视直销领域。虽然问题有所缓解，但仍然未能得到根本解决。电视购物的受众群体大多数是无钱有闲的中老年人和无闲无钱的打工人群，这些弱势群体普遍文化程度较低，知识面与信息接受度有限，对很多新产品、新概念不了解，往往无法作出合理鉴别与理性判断，极易成为电视直销广告商的猎物。因此，提高他们对信息真伪的判断能力，也是媒体、政府机构和研究人员义不容辞的义务与责任。为此，学界主要从广告学及法学等不同角度对电视直销广告展开研究。

电视购物作为一个新兴的产业，由于发展速度过快、监管体系缺失等原因，该行业内引发的各种欺骗性问题接连不断，近年来在各类消费者投诉中的比例也一直居高不下，引起了社会各界的广泛关注。王雄、秦浩源（1995）分析了电视直销行业出现信任危机所存在的种种原因，如价格离谱、哗众取宠等。陈亚莹（2012）认为，电视直销购物中凸显的问题主要包括：内容虚假、价格离谱、质量无保障等。针对这些问题，陈亚莹（2012）从立法部门管理、商家诚信形象的梳理、电视直销节目营销伦理等角度分别提出了几项规范建议。吴旖旎（2012）分析了我国电视购物的发展现状及面临的信誉问题（如夸大产品性能、售后服务不完善、监管缺位等）和运营问题（如平台搭建、资金投入、配套设施、组织架构、人员培训等）等，并从确立电视台的主导地位、产品定位细化、灵活选择运营方式、实现规模经济等方面提出进一步发展的建议。王琳（2013）梳理了电视直销广告行业的起源与发展，梳理了该行业存在的主要"猫腻"。例如，貌似正规的销售方式具有较强的迷惑性、广告人物的语言和表情都极度夸张、售后服务缺乏保障等，并就此提出该行业的健康发展应以从业者的诚信为基础和保证，电视媒体和相关行政部门应对此行业高度重视并加强把关。王晓伟（2005）分析了电视直销业在我国存在的问题，如商品价格昂贵、商品售后服务得不到保障、夸大其词、真假难辨、质量没有保证等，并提出了针对现存问题的对策及措施，包括：合理制定商品价格，努力降低成本；加强售后服务；成立一个全国性行业协会，对电视直销行业加强管理等。同时也指出，国家有关部门需要针对已经暴露出来的问题进行调研，早日拿出相关规范性的文件来加以管理，以保护消费者的利益，促使这一新生事物健康发展。

此外，还有学者从立法规范管理的角度对电视直销广告的现存问题展开探讨。倪莉、常洲（2009）针对国内电视直销管理还不够规范，涉嫌虚假违法的现象时有发生，广告水平良莠不齐，阻碍电视直销行业的健康发展这一问题，提出了几种降低消费者风险意识的方案，比如：增加对购买流程的介绍；注重商品的挑选，以诚换信；建立电视购物品牌；实事求是地宣传；展现规范物流体系；引入成熟的远程支付系统，完善支付渠道等，以确保电视直销行业健康蓬勃发展。郑晓辰（2011）结合相关涉嫌欺诈的违法电视直销广告案例，从我国电视直销广告的现状入手，分析电视直销广告违法行为及其产生原因，借鉴国外立法，通过事前法律规制、完善事后救济以及建立事中监督机制三方面的探讨，提出解决我国当前电视直销广告中存在的诸多问题的方案，促使我国电视直销行业健康稳定地进一步发展。郑晓辰（2011）分析了我国电视直销广告违法表现及其原因，并提出完善相应法律规制和监管制度的路径，具体包括：制定并完善事前法律规制，比如制定专门的监管立法、明确市场准入标准、制定严格的售后服务条例等；完善事后救济，包括立法加强电视媒介监管、明确责任，名人代言虚假广告应承担过错推定责任、规定电视媒介发布警示标志、完善投诉制度、严厉打击欺诈行为等；建立事中监督机制，比如赋予相关部门执法权、不定期审查，发现问题要严肃查处等。付蓉（2011）也梳理了我国电视直销广告的发展现状及存在的问题，并分析了产生问题的主要原因，然后提出了加强对我国电视直销广告的监管措施，如提高公信力、完善销售渠道、提高电视直销的专业化程度、加强法制管理、加强行业自律等。最后指明了新时期我国电视直销广告的发展途径，包括坚持价格原则、坚持诚信原则、树立正面的电视直销形象、鼓励行业巨头涌现等。

这些研究从广告学行业规范及法律法规角度出发，梳理了电视直销广告存在的问题，也给出了进一步规范管理的建议和路径，促使该行业回归到健康正常的发展轨道。但这些研究对涉嫌欺诈的电视广告中所涉及的语言问题关注不足，也未能有效地给消费者提供识别欺诈性广告的建议，亟须从语言学角度开展深入探究。

3.2.2 电视直销广告的语言学研究

到目前为止，从语言学角度对电视直销广告的语言进行分析和研究的论文还相当匮乏，但也已经有学者开始尝试性的研究。比如，郑颖（2007）认为，电视直销广告借助电视的影响，通过多种艺术手段，详尽完备地宣传推销商品和服务。这种方式具有直观性、形象性、具体性等特点，比一般广告更具有影响力和感染力。因此，她详细分析了电视直销广告语言在词汇、句法及修辞层面上的特点，考察了商家是如何通过各种语言策略来说服消费者购买其商品的。词汇层面包括褒义评价语的使用、程度副词的使用等；句法层面主要包括疑问句和祈使句的使用；修辞方面主要运用了排比、押韵、双关、对照和其他辞格等。然而，这项研究主要是侧重于探讨广告语言特点对消费者产生的说服作用，还没有涉及直销广告中所存在的语言问题和相关对策。

总的来说，以上电视直销广告的相关研究为我们呈现了我国当前电视直销行业的现状和存在的问题，并提出了法律法规、行业规范等方面的建议，为电视直销行业的健康发展起到了一定的指引作用。然而，对直销广告在语言方面的研究和探讨目前还相当少见，相关部门在对该节目进行审查时缺乏一定的科学理论指导，给他们的监管工作也带来一定的困难。鉴于此种情况，本书拟以电视直销广告中使用的模糊语为切入点，从批评语用分析视角来考察模糊语跟电视直销广告存在的欺诈问题可能存在的关联，剖析其欺诈机制，从而为相关部门的工作提供理论和实践方面的指导，为电视直销广告的健康运行作出应有贡献。

3.3　文献述评

以上我们梳理了广告话语中模糊语的相关研究和电视直销广告话语的研究成果，这些成果为本书提供了很好的理论指导和铺垫，相关研究取得的成果主要体现在以下几个方面：

第一，广告话语中的模糊语研究探讨了模糊语言使用的语用功能和修辞效果，揭示了模糊语言使用既有正面积极的功能，也可能有负面的欺诈和误导功能，后者为本书的基本假设提供了很好的依据。对广告话语中模糊语使用情况进行阐释的理论有顺应论，也有关联论等，也为本书提供了很好的参考和启示。

第二，广告话语的批评话语分析研究主要采用了 Fairclough 的三维分析框架，对广告中语言与意识形态的关系进行了探讨，零星的批评语用研究表明广告用语中存在各种问题。这些批评性文献为本书提供了很好的理论和实践方面的铺垫。广告话语的批评语用分析研究中已经采用了批评语用学的相关理论和方法对广告话语进行批评实践研究，更是直接为本书提供了很好的理论指导和实践参考。

第三，电视直销广告的相关研究呈现了我国当前电视直销行业的总体现状、存在的主要问题和产生问题的主要原因，论证了规范电视直销节目的必要性，为本书提供了良好的现实基础。

毫无疑问，国内外现有研究已经取得的丰富成果，为今后相关领域的研究奠定了良好的理论基础。然而，笔者认为，相关领域的研究仍存在可进一步拓展的空间，主要体现在以下几个方面：

第一，到目前为止，广告话语中模糊语的理论性研究较多，而应用性研究较少；大多停留在语用语言现象和语用策略及功能方面，对广告背后隐藏的社会心理分析不足。

第二，批评话语分析、批评语用学理论关于话语（包括广告话语）的批评分析往往从研究者视角切入，缺乏实证研究，因而具有较强的主观性，而以往欺诈性话语的研究语料收集方法大多采取诱导式或访谈式，对现实交际中的自然语料关注不够。因此，需要引入语言使用者或受众视角，采用实证方法，使得批评研究更具客观性和科学性。

鉴于以上分析，本书将在前人研究的基础上，选取现实生活中的电视直销广告话语作为分析语料，重点分析其中包含的语言模糊手段，利用批评语用学研究方法进一步丰富欺诈性话语的研究维度，厘清模糊与欺诈之间的关系，揭示广告商利用模糊语背后潜在的社会心理实现其欺诈目的的内在机制。具体来说，本书将运用实证研究方法，引入语用学相关理论（即关联理论中的语用充实理论以及社会心理语用分析），从话语的层面考察电视直销广告中的模糊现象，探讨模糊话语的理解机制，揭示模糊话语与欺诈之间的关系，发掘模糊话语诱发错误解读的工作机制和运行条件，探究其背后隐藏的社会心理因素，丰富批评语用学研究成果，拓展批评语用学的研究方法和视角，以期进一步推动批评语用研究、模糊语研究的发展。

3.4 小 结

　　本章主要梳理了广告话语中模糊语的不同研究视角，如语用学、修辞学视角、批评话语分析视角、批评语用学视角等，提出现有研究的不足，并认为该领域应借助语用学理论工具，引入交际者视角，采用实证研究方法进行更为全面、客观的批评语用分析。此外，本章还梳理了电视直销广告的问题及对策研究、电视直销广告的语言学研究等，总结了前人研究的相关成果，并寻找到本书拟突破的空间，凸显本书的重要性和必要性，力求在前人研究成果的基础之上，从理论与实践两个方面予以拓展，进一步充实和丰富模糊语研究及广告研究领域的相关成果。

第 4 章

批评话语分析的语用学视角框架构建

上一章中我们回顾了模糊语研究、广告话语的模糊研究和电视直销广告的研究等文献，总结了前人研究的成果，剖析了尚存在的问题，并基于拟采取的理论视角和分析方法找到本书的切入点，从而将本书建立在前人研究的理论和实践之上。本章将针对本书的研究对象、研究目标，在考察批评话语分析的历史沿革、批评话语分析理论框架和研究方法以及批评语用学理论和方法的基础之上，构建适合本书的批评语用分析框架。

4.1　批评话语分析的起源及分析框架

4.1.1　批评话语分析的起源

早期的语言学研究将语言看作一种独立存在的交际符号，主要着重强调语言的形式和语言的共性。后来，随着语言学研究的逐步推进，人们开始对现实生活中的语言使用现象产生兴趣，开始考察语言与社会之间的关系，比如社会语言学、语用学、话语分析等分支。虽然语用学研究比较注重考察语言与语境的关系，但对语句意义生成的话语环境关注不足。社会语言学主要关注语言使用的变异现象和交际互动的过程与结构，但它对社会权力关系和语言的关系探究不够深入。话语分析主张对话语或语篇展开宏观分析，但它还是相对局限于对语篇的形式特征和构成机制的分析。在这种背景下，在西方批评理论的影响下，有学者尝试对话语的生成与社会结构之间的关系展开研究，形成了批评话语分析（Critical Discourse Analysis，简称CDA）研究范式。

批评话语分析主要发源于批评语言学（Critical Linguistics）领域。Wodak（2001）认为，批评语言学与批评话语分析两个概念可以互相替代，但后来人们主要倾向于使用批评话语分析这个术语。20 世纪 70 年代末到 80 年代初期，语言学界涌现了一股批评话语分析的语言学潮流，它重点关注语言在建构社会权力关系中的角色和作用（代表人物主要包括 Fairclough、Fowler、Kress、van Dijk、van Leeuwen、Wodak 等）。批评话语分析研究的代表性论著主要有 Wodak（1989）的《语言、权利与意识形态》（*Language，Power and Ideology*）、Fairclough（1989）的《语言与权利》

（*Language and Power*）以及 Schiffrin 等（2003）的《话语分析指南》（*Handbook of Discourse Analysis*）等，这几部代表性著作明确提出了批评话语分析的研究对象、基本假设、基本原则和研究方法。90 年代以后批评话语分析逐渐进入成熟期，并在语言学界迅速发展，而且逐步从哲学、社会学、认知科学、心理、人类学、政治学、传媒学、计算机等多个学科汲取精髓，不断拓展其研究的理论、方法及视角，逐渐呈现了其综合性、跨学科的特点。

批评话语分析研究根据其研究侧重点的不同，可以分为几个不同的学派。比如以 Fairclough 为代表的兰卡斯特学派（Lancaster School）侧重从社会变革的视角展开批评话语分析；以 Wodak 为代表的维也纳学派（Vienna School）主张从话语历史角度开展批评话语分析；Wetherell 则主要从话语心理学角度进行研究，属于拉夫堡学派（Loughborough School）；Kress 和 van Leeuwen（1990，1996）则是代表社会符号学视角下的批评话语分析学派；van Dijk（2001）代表批评话语分析的社会认知法研究学派等。这些学派各有其研究特色，然而总的来说，还是以 Fairclough 为代表的批评话语分析路径影响力最大（Blommaert & Bulcaen，2000）。

4.1.2　批评话语分析框架

批评话语分析并没有形成统一的理论框架，学者们根据各自的研究兴趣和关注的不同方面，形成了不同的学派和研究模式。比如 van Dijk 的社会认知研究（Social Cognition）模式、Wodak 的历史话语分析法（Historical-discourse Analysis）模式、Fairclough 的话语实践分析法（Discursive Practice）模式等。Fairclough 的话语分析模式被认为是批评话语分析学派中最系统、最完备、最具参考价值的模式，可谓贡献巨大。因此我们将重点对其进行介绍，并尝试在此基础上构建批评话语分析的语用视角框架。

Fairclough（1992，1995，2005）首先关注的也是语言和意识形态之间的关系。语言作为最普遍的社会行为，不可避免地包含着某些常识性的假设。因此，语言与意识形态之间存在着密不可分的关系。批评话语分析的目标之一就是要剖析话语中包含的各种与理念、信仰和价值观等相关的假设，同时分析社会结构和话语特征的关系。Fairclough（1992，1995）建构了一个三维框架来论述话语和社会结构之间的辩证关系：①话语（text）的语言学分析，包括口语或书面语；②话语实践（discursive practice）分析，包括话语的生产、分配和消费；③社会文化实践（sociocultural practice）的分析。话语、话语实践和社会文化实践构成了话语（discourse）的三维概念，从不同角度理解话语的意义。Fairclough（1992）详细论述了话语的三种意义：①作为话语的话语；②话语实践；③作为社会实践的话语。这个话语三维模式是一种既有利于实践又有利于理论的批评话语分析模式，使人们对语言与社会之间内在的、不可分割的关系有了深刻的认识，透过社会心理的遮蔽，诠释话语的真正意义和作用。话语不仅反映社会过程和社会结构，而且对社会过程和社会结构具有构建作用。Fairclough提出的批评性话语包括描写（description）、阐释（interpretation）和解释（explanation）三个步骤。描述就是描写过程针对语篇的形式结构和语言特征进行描述；阐释主要是针对互动和社会语境之间的关系，对语篇的生成、传播和接受过程进行阐释；解释主要是对话语和社会因素的关系加以分析，目的是分析社会因素在文本的生成和阐释过程的作用（Fairclough，1989）。Fairclough 的三维分析框架如图 4-1 所示：

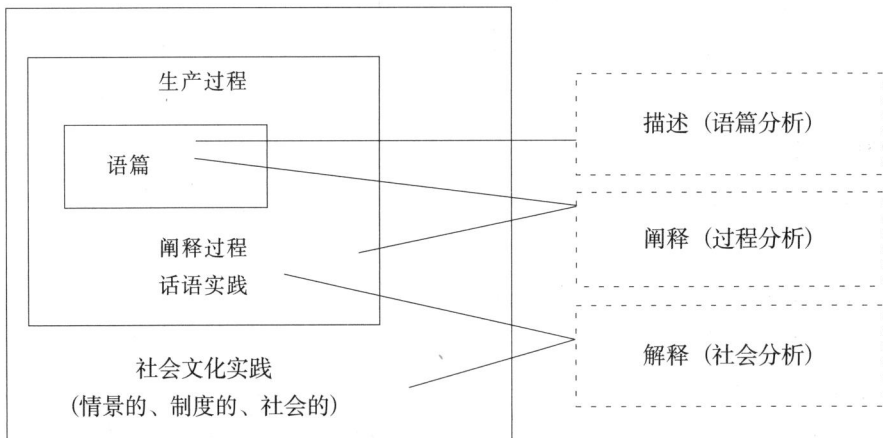

图 4-1　Fairclough（1995）的三维分析框架

这个三维分析框架图将语言分析与社会语境相结合，为批评话语分析研究的开展提供了指导性框架。该图较好地展示了语篇与话语实践（包括

44

语篇的生成与理解过程）之间的关系，即语篇的生成与理解的过程与当前的社会历史条件密切相关。Fairclough（1995）认为，"社会语境"不仅包括局部的交际环境，还包括交际所处的社会、文化、历史和政治环境，与其他语言学流派的观点相比更显独特。社会环境中最重要的元素是权势关系和隐藏在这些权势关系背后的价值观念。不同历史时期的价值观念总是复杂而多变的，因此权势关系也处于不断的竞争与变化之中。

4.2 批评语用学的发展历程与分析方法

4.2.1 批评语用学的发展历程

批评语用学（Critical Pragmatics）是语用学研究的一个新兴领域，主要沿袭批评话语分析的研究路径与方法，采用语用学理论工具来考察在一定社会语境下语言使用背后所隐含的意识形态、权力干预、价值取向、社会偏见、欺诈蒙骗等问题。随着语用学研究的不断拓展与深化，学者们逐步开始深入探讨话语背后隐藏的社会心理、价值观念、语用歧视、权力关系等意识形态方面的问题。早先发展起来的批评话语分析理念对语用学研究也产生了影响，逐步催生了语用学研究的批评范式以及语用学视角下的批评话语分析研究路径，并形成了批评语用学（Mey，1993；陈新仁，2009，2013，2020），其目的在于批评不恰当或不文明的语用语言方式，同时弘扬文明的语用语言方式。

批评语用学思想的早期萌芽最早可追溯到 1979 年，Mey 在《语言研究的批评理论构建》（Toward a critical theory of language）一文中提出了开展"语言解放"的理念。随后，Mey 在 1985 年又出版了专著《谁的语言？语言语用学研究》（Whose Language？A Study in Linguistic Pragmatics），采用马克思主义辩证法分析了社会语言使用存在的问题。该书强调，话语分析必须将语言与语言使用者之间紧密结合，语用学研究只有深入考察交际者背后的各种社会因素，才能更好地剖析交际者的心理状态及其交际意图。

几年之后，Mey 进一步丰富和完善了早期的批评语用学思想，并在著作《语用学简介》（Pragmatics：An Introduction）（1993）中正式提出了批评语用学（Critical Pragmatics）这一学科概念。他认为，语用学研究必须牢牢把握住"语言使用者"这一基本要素，考察语言使用者的身份和使用者所处的社会语境条件。他还认为，语用学应该致力于揭示语言使用中可能潜藏的语言歧视现象及权力不平衡现象，并努力减少其带来的负面社会影响。

20 世纪末，比利时安特卫普大学教授 Verschueren 也开始关注到了语言使用中涉及的意识形态问题。他在专著《语用学新解》（*Understanding Pragmatics*）（1999）中指出交际与意识形态之间存在的密切关联，并结合语用学传统话题探讨了话语与意识形态之间存在的关系。尽管他当时并未明确使用"批评语用学"这个概念，但其主张的语用学研究在理念与路径上与 Mey 所提出的批评语用学理论主张不谋而合。2007 年，Verschueren 在日本语用论学会第十届年会的专题论坛上再次提出，语用学应该着力去关注公共话语，力图去揭示话语中的话语权力操控和负面意识形态问题。随后，中国语用学专家陈新仁于 2009 年基于 Mey 和 Verschueren 的研究，发表了一篇题为"批评语用学：目标、对象与方法"的文章，认真梳理了批评语用学的起源与脉络，并对该学科的研究目标、研究对象及研究方法进行了比较系统的探讨。2013 年，他在其完成的国家社科项目基础上出版了专著《批评语用学视角下的社会语用研究》，进一步系统阐释了批评语用学的研究方法与路径，构建了社会用语的分析框架，并聚焦不文明社会用语等社会语用现象，开展了批评语用研究视角下的个案分析。2020 年，该书的英文版（*Critical Pragmatic Studies of Chinese Public Discourse*）由 Routledge 出版社出版，成为国际上第一部用英文撰写的批评语用学著作，进一步奠定了批评语用学作为语用学分支学科的学术地位。

4.2.2　批评语用学的分析方法

在谈到语用学如何服务于公共领域话语研究时，Verschueren 提出了以下三个步骤：①设计一个可以用来分析话语蕴含的意识形态的方法论；②对相关语料展开分析，提高"话语与生态"意识；③展开社会话语的分析。陈新仁（2013）在借鉴批评话语分析的方法和 Verchueren 提出的语用学理论服务公共话语的步骤基础之上，提出了批评语用分析的研究思路。

首先，寻找、观察特定的"敏感"话语，即含有语用批评"价值"的话语。其次，在话语内容或语用—语言特征（或话语方式）上加以分析。比如，对于带有歧视、粗俗、低劣等内容或者带有文明、和谐等色彩的话语，考察话语内容顺应的语境因素（包括社交世界、心理世界等中的因素）（Verschueren，1999）情况，并采用当前社会语境的基本伦理、法则、规范等开展批评或评论。对于隐性的带有歧视、低俗、欺诈等意识形态或企图的话语，需要在话语方式上加以剖析，并结合语境，比较实际话语方式与默认话语方式之间的差别，剖析交际者的话语意义或意图，进而开展批评性评价和评论。最后，针对话语的使用情况或问题，提出针对性建议，以促进话语的规范、文明、和谐使用，完善话语实践，从而推动人际或社会和谐。

上述批评分析的具体过程如图 4 - 2 所示：

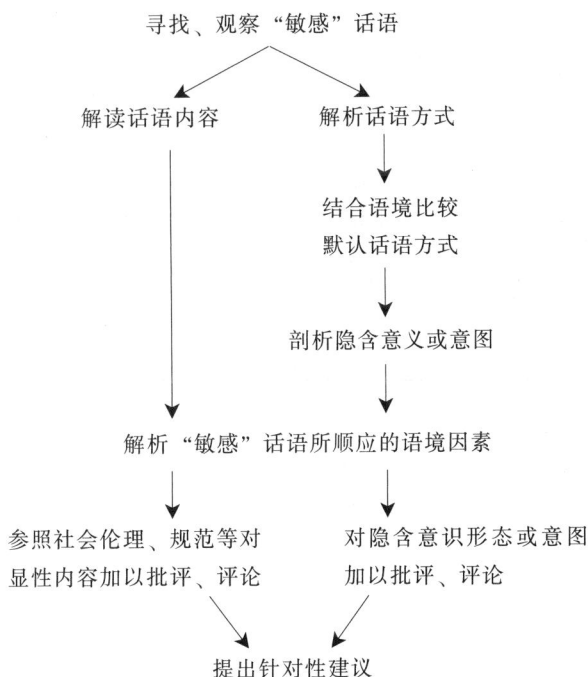

```
              寻找、观察"敏感"话语

     解读话语内容          解析话语方式

                        结合语境比较
                        默认话语方式

                        剖析隐含意义或意图

          解析"敏感"话语所顺应的语境因素

 参照社会伦理、规范等对        对隐含意识形态或意图
 显性内容加以批评、评论        加以批评、评论

              提出针对性建议
```

图 4 - 2　批评语用分析的分析思路①（陈新仁，2013）

----

① 图中两条线路的批评分析可以单独进行，也可以结合起来分析，具体情况视"敏感"话语是否同时涉及话语内容和话语方式两个方面而定。

就研究的开展而言，批评语用学可以进行个案研究，也可以进行对比分析，还可以进行定量研究。

4.3　本书的批评语用分析思路与方法

本书将在批评话语分析的主要理论和方法（Fairclough，1995）和陈新仁（2013）的批评语用分析框架和步骤的基础上，结合研究对象和研究特色，进行一定的个性化调整，从而得出适应本书实际情况和需要的理论框架和分析方法。

与之前的模糊批评语用研究（陈新仁、陈娟，2012）不同的是，本书不采用研究者主观思辨认定批评目标，而是由接受者客位视角切入，由他们指认"问题"话语。也就是说，研究者并不主观认定模糊必然导致欺诈，在实际调查中也不向接受者暗示模糊语与欺诈之间的联系，而是在消费者观看被认定为欺诈的电视直销视频过程中，请他们从中说出他们认为具有欺诈或误导倾向的所有语言，然后由研究者从中总结出与模糊相关的表达，再进行批评分析。这种相对科学、客观的做法旨在阐释特定模糊与导致欺诈的运作机制，而非在两者之间建立机械联系。

本书在客位视角下统计、总结出的模糊话语的基础之上，立足"问题"模糊话语的理解语境，剖析理解者"误读"相关模糊话语时的诱导心理因素，从而揭示有关商家运用模糊话语实施欺诈的语用心理策略。结合本书的研究对象和目标，我们可以将 Fairclough 的三维分析框架和陈新仁教授的批评语用分析框架进行一定的整合，以适应本书的需要，具体如图 4-3 所示：

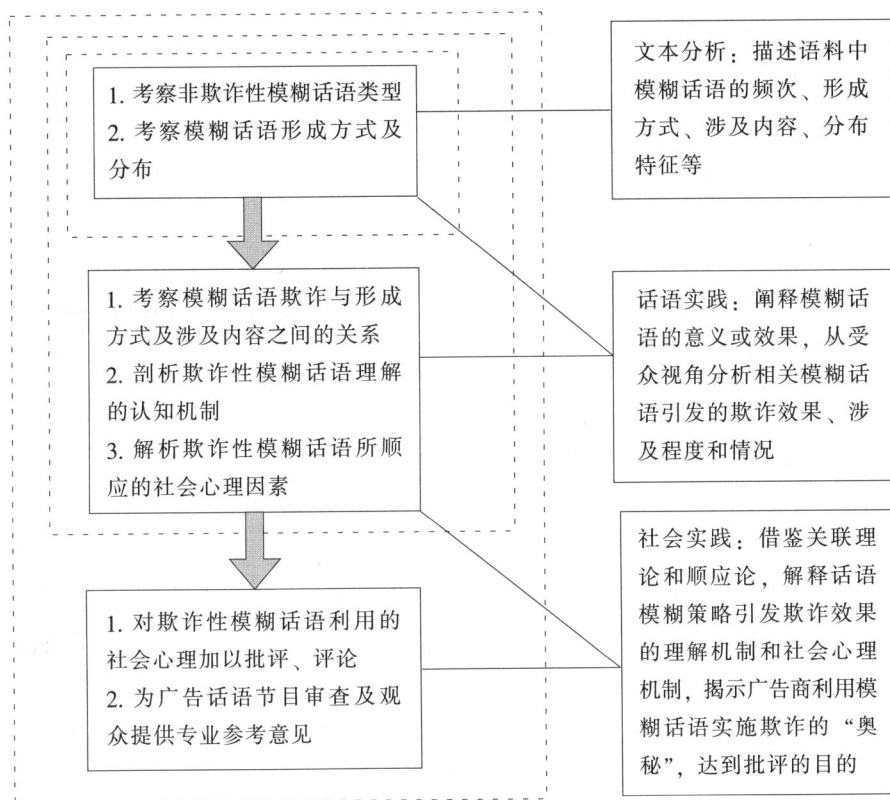

图 4-3 本书的分析框架

如图 4-3 所示，本书主要参照 Fairclough 的批评话语分析框架，将分析步骤分为三个主要层面。一是文本分析层面：重点考察涉嫌误导的模糊话语的话语方式和在非法电视直销广告中的使用情况，具体的做法是将相关视频发送给受众去观看，让他们发现涉嫌欺诈和误导的语言后在相应转写的文字语料中标出，并说明认为涉嫌误导或欺诈的原因。然后由研究者对所有受试的问卷调查进行统一分析和整理，考察电视直销广告中涉嫌欺诈话语的总体情况，并重点分析模糊话语的使用情况，例如所占总数比例及在各部分内容中所占比例，同时重点考察电视直销广告中模糊话语的形成方式，看看这些模糊话语是由哪些原因形成的，各种不同形成原因的模糊话语各自占总数的比例，以及在各部分内容中所占比例情况，并在此基础上探讨模糊话语与形成原因、涉及的内容方面等之间存在什么关系，可能的原因又是什么。二是话语实践层面：本书将重点分析电视直销广告中所使用的模糊话语在多大程度上涉嫌欺诈,以及涉嫌欺诈的程度与形成方式及涉及的内容方面是否存在一定的联系,以期挖掘出模糊与欺诈之间的关系。三是社会实践层面:我们将引入关联论当中的语用充实理论,重点剖析模糊话语的理解机制,并通过这个理解机制分析模糊话语背后所隐藏的相关社会心理因素,揭示欺诈性模糊话语是如何通过间接话语及隐性的方式,激活相关社会心理,误导消费者上当受骗的。最后,用顺应论分析电视直销广告对消费者的一些心理进行的负面顺应,从而解析话语方式与社会实践的关系。

4.4 小 结

本章首先回顾了批评话语分析和批评语用学的起源、研究目标和对象、理论基础、分析框架,然后根据本书的研究目标和对象以及相关实际情况,将 Fairclough(1995)的批评话语分析框架和陈新仁(2013)的批评语用分析框架及步骤有机结合,并进行了个性化调整,形成了适合本书需要的关于欺诈性模糊话语的分析框架。

具体而言,本书所提出的分析框架分为三个层面,即文本分析、话语实践和社会实践。其中,文本分析主要是对文本进行客观描述,分析语料中使用的模糊话语(如频次、形成方式、涉及内容、分布特征等);话语实践主要阐释模糊话语的意义或效果,从受众视角分析相关模糊话语引发的欺诈效果、涉及程度和情况;社会实践主要借鉴关联理论和顺应论,解释模糊话语引发欺诈效果的理解机制和社会心理机制,揭示广告商利用模糊话语实施欺诈的"奥秘",达到批评的目的。本书主体部分的分析将参照这个分析框架和步骤来展开。

第 5 章

本书研究内容、语料来源与研究方法

本章主要详细介绍本书的整个设计方案，包括主要研究问题和内容、研究语料来源及具体的研究方法。笔者首先在前面章节所构建的理论框架与内容基础之上，根据本书设定的目标提出几个拟加以探究的问题，随后介绍本书所采取的理论阐释法、受众调查法、个案分析法等几个主要研究方法及这些方法与研究内容和目标的内在关系，接着重点介绍本书实证部分的语料收集依据、语料收集方法及语料的分析和统计步骤，最后对全章内容进行小结。

5.1 本书主要研究内容

本书的宗旨是在批评语用学的分析框架内，关注国家工商总局认定的非法电视直销广告中涉嫌欺诈的话语，尤其是由模糊话语造成的涉嫌欺诈或误导性的话语，着重考察相关话语的使用情况、模糊话语形成方式与欺诈之间的关系、涉嫌欺诈的模糊话语的理解机制以及影响模糊话语欺诈解读的社会心理因素。为此，笔者拟提出以下三大方面的研究内容：

首先，本书将探讨非法电视直销广告中模糊话语的使用情况。具体包括：非法电视直销广告中使用模糊话语的频率情况如何；其中包含的模糊话语的形成方式类别有哪些，各种类型的模糊话语在分布上呈现什么样的特点；非法电视直销广告中模糊话语涉及的内容具体有哪些，它们在分布上存在什么样的特征。通过对这些问题的探讨，以期广大消费者对电视直销广告中欺诈性模糊话语的使用情况有一个初步的了解与认识。

其次，在第一大方面研究内容的基础之上，对非法电视直销广告中使用的模糊话语涉嫌欺诈的程度与情况展开研究。具体包括：非法电视直销广告中的模糊话语涉嫌欺诈的程度如何，源于不同形成方式的模糊话语在涉嫌欺诈方面存在的差异情况，以及涉及不同内容的模糊话语在涉嫌欺诈方面存在的差异情况。

最后，主要探讨非法电视直销广告中的模糊话语是如何诱发误读从而实施欺诈的。具体包括：非法电视直销广告中涉嫌欺诈的模糊话语的理解机制，非法电视直销广告中模糊话语诱发错误解读与特定社会心理因素的关系情况，以及模糊话语诱发错误解读与特定人群的心理状态之间存在的相关性情况。

基于第 4 章所提出的理论框架,结合本书所关注的电视直销广告中模糊话语的使用情况及其与欺诈嫌疑之间的关联,以及背后隐藏的社会心理因素等,本章提出如下假设:非法广告商借助模糊话语手段,把握、利用消费者的各种社会心理因素,使其对广告话语作出错误解读,以此实施其欺诈行为。

5.2 受　试

5.2.1　问卷调查的受访对象

本书的一部分受访对象是笔者社交圈里的亲戚、朋友、同学、同事等。笔者在征求他们同意的基础上,邀请他们参加了此次调查。此外,笔者请求他们在条件允许的情况下,联系他们社交圈里的朋友或者亲戚,帮助进一步征集受访对象。最后,一共有 46 人参与问卷调查(调查问卷共收集到 48 份,去掉 2 份没有按照要求进行标注的不合格问卷)。这 46 名受访对象包括 22 位女性、24 位男性,男性与女性人数基本相当。

关于年龄,46 名受访对象的年龄在 20 岁到 70 岁之间。我们在问卷当中的选项设置比较细致,共分为几个阶段:15 ~ 20 岁、21 ~ 30 岁、31 ~ 40 岁、41 ~ 50 岁、51 ~ 60 岁、61 ~ 70 岁、71 ~ 80 岁。但在进行问卷分析时,考虑到人数问题及分析的实际操作情况,我们将受访对象按年龄整合分为三组。第一组为 30 岁及以下的人群,共 17 人。这组人当中有已经趋于独立消费的大学生,也有的已经参加工作,属于思维活跃、年轻、积极的消费人群(15 岁及以下的人群因为还不太具备独立消费能力,被排除在调查范围之外)。第二组为 31 ~ 50 岁的人群,共 16 人。这个年龄阶段的人相对成熟,事业基本稳定,具有一定的经济能力。第三组为 51 岁及以上的人群,共 13 人。这群人由于过去的经济条件、教育条件限制等原因,文化程度可能相对较低(也有个别特殊情况),但平时看电视广告的时间相对较充裕,经济上也有一定的购买能力。

关于文化水平,我们在问卷当中设置了小学、初中、高中、大专、本科、硕士、博士 7 个级别,职业有学生、工程技术人员、公司管理人员、设计人员、高校教师、农民和普通工人。考虑到每个阶段的人数问题及研究需要，我们将调查结果的文化水平再次进行整合，分成三个教育层次。第一个层次为高中及以下水平，共 13 人；第二个层次为大专和本科学历，共 18 人；第三个层次为硕士研究生及以上学历，共 15 人。

我们对受访对象的基本情况进行了介绍，并按照实际操作需要，将受访对象按照年龄、性别及文化水平分成了几组，并分别呈现了每组的人数及比例情况。具体情况如表格 5 - 1 所示：

表 5 - 1　受访对象描述

性别	男性	女性	
	24 人（52.17%）	22 人（47.83%）	
年龄段	30 岁及以下	31～50 岁	51 岁及以上
	17（36.96%）	16（34.78%）	13（28.26%）
文化水平	高中及以下	大专及本科	硕士及以上
	13（28.26%）	18（39.13%）	15（32.61%）

通过考察受访对象对问卷调查（详后）的第一部分 3 个简答题的回答，我们了解到受访对象每周看电视的平均时间：19 人（41.31%）表示平均每周（晚上和周末）会安排 15 个小时以上的时间看电视；14 人（30.43%）表示平时看电视的时间相对较少（7～15 小时）；13 人（28.26%）表示平时每周看电视的时间在 7 小时以下。研究者还访问了他们是否看电视直销广告节目，17 人（36.96%）表示很少看；18 人（39.13%）表示偶尔看；11 人（23.91%）表示经常看。问及他们是否有过电视购物经历，在所有受访对象当中，16 人（34.78%）表示绝对不会买电视直销产品，也从未有过电视购物经历；17 人（36.96%）表示如果看到动心的产品可能会有购买的冲动；13 人（28.26%）表示有过电视购物经历，其中有的表示产品价格便宜，但质量不太满意；有的质量尚可，但事后跟市场上同类产品比较之后发现并没有享受到实惠；也有受访对象表示有过还比较满意的电视直销购物经历。具体情况见表 5 - 2：

表 5 - 2 受访对象情况初步调查

受访问题	具体情况描述		
每周看电视 的平均时间	15 ~ 25 小时	7 ~ 15 小时	7 小时以下
	19 人（41.31%）	14 人（30.43%）	13 人（28.26%）
是否看电视 直销广告	很少看	偶尔看	经常看
	17 人（36.96%）	18 人（39.13%）	11 人（23.91%）
是否有电视 购物经历	绝对不会买	有可能	有过电视直销购 物经历
兴趣和可能	16（34.78%）	17（36.96%）	13（28.26%）

5.2.2 访谈对象

访谈对象主要分为两个组，第一组是参加问卷调查的受试 6 名，第二组是未参加问卷调查的消费者 2 名。两组合计 8 名。

对第一组访谈对象进行访谈的目的主要有两个：一是他们在问卷当中标注的模糊话语之后虽然写了少数原因，但是太过简洁，不是很能说明问题，因此对他们进行了回访，以便笔者进行深度分析；二是这 6 名受试所标注的模糊话语的数量相差较大，分别代表三种不同的情况，针对不同的情况对他们分别进行访谈，有助于我们在分析时进行对比，从而发现其中不同的情况。这 6 名回访对象根据他们所标注的模糊话语的数量分为三组，每组两个人。第一组是标注出模糊话语数量最多的 2 名受试，其中 1 名是女性，24 岁，博士在读，每周看电视 10 小时左右，偶尔看电视直销广告，她标注出了 35 处；另 1 名是男性，34 岁，硕士研究生学历，某投资公司职员，每周看电视 15 小时以上，共标注出 38 处模糊话语。第二组 2 名回访对象包括 1 名男性和 1 名女性，男性年龄 33 岁，硕士研究生学历，担任某公司金融分析师，平时每周看电视的时间达到 15 小时左右，直言不喜欢看电视直销广告，他在问卷调查中标注了较多的涉嫌欺诈的模糊话语，共26 处；女性为本科学历，某公司装潢设计人员，偶尔看电视直销广告，标注了 25 处模糊话语。第三组也包括 2 名受访人员，一男一女，女性回访对象 52 岁，初中文化，家庭保姆，平时相对比较喜欢看电视直销广告，她在问卷调查中只标注出了 8 处涉嫌欺诈的模糊话语；另 1 名男性 55 岁，工厂普通工人，经常喜欢看电视，偶尔看电视直销广告，他共标注出12处涉嫌欺诈的模糊话语。这6名回访对象标注的模糊话语既有重合部分，又有不同的部分，形成了一定的对比，符合我们研究和分析的需要。针对他们的具体标注情况，笔者对他们访谈的问题如下：

（1）您在之前观看视频的时候，把这个话语标注为具有欺诈嫌疑，为什么呢？

（2）您在之前观看视频的时候，没有把这个话语标注为具有欺诈嫌疑，为什么呢？

第二组访谈对象主要是根据个案视频中可能存在的潜在消费者而进行选择的，共有2名女性消费者，年龄分别是59岁和62岁，分别是小学和初中文化，退休在家，她们的头发都已经局部发白，平时喜欢看电视直销广告，也有强烈的黑发需求。笔者采用循序渐进的方法向她们推荐一款黑发产品，并将全自动魔发梳的视频播放给她们看，发现她们非常动心，跃跃欲试，然后笔者便问她们一些问题，比如：

（3）为什么要买这个产品呢？您觉得这个产品哪里比较好啊？

在问到相关模糊话语时特地多留意，有意识地问她们：

（4）对这些话语您是怎么理解的？

笔者进行了相关录音。在分析理解过程中，笔者结合访谈结果，根据话语成因的种类分别举例呈现，在此基础上进行社会心理分析和总结。

5.3 语料收集方法及程序

与以往研究者在语言模糊与欺诈嫌疑之间直接画等号的做法不同，本书不以笔者的主观判断为主导，而是在相关广告接受者视角下确定涉嫌欺诈的模糊话语案例，再基于关联理论分析模糊话语引发欺诈嫌疑的理解机制，探讨涉嫌欺诈的模糊话语背后存在的社会心理机制因素。

5.3.1　涉嫌违法欺诈的电视直销视频语料的收集方法

由于种种原因，电视直销广告涉嫌违法和欺诈的事件时有发生，比如昆明信息港 2009 年 10 月 16 日发布消息"昆明查处 17 个涉嫌严重违法电视直销广告"；华夏经纬网 2009 年 12 月 1 日发布"国家工商总局再次曝光 8 个违法电视直销广告"等。

电视直销广告欺诈之风如此盛行，让不少老百姓为之上当，蒙受经济、精神、健康等多方面损失，其中存在的原因和社会心理因素等很值得我们探讨。为此，笔者从网络上搜索已经被报道过的涉嫌违法欺诈的电视直销广告视频作为本书分析的语料，试图从中考察欺诈性模糊话语的策略或手段，以及其中隐含的社会心理机制。笔者从新华网上共获得国家工商总局曝光的 8 个违法电视直销广告，涉及 8 家电视台的卫视频道。以下是相关报道：

新华网北京 7 月 30 日电（记者　张晓松）　国家工商行政管理总局对 31 个省区市电视台卫视频道 2010 年 6 月 20 日到 30 日发布的电视直销广告进行了集中监测。监测发现，部分电视台未依法履行广告发布审查责任，发布的药品、化妆品、保健用品、体育器材等电视直销广告违法问题比较突出，严重违反有关规定。工商总局 30 日对其中 8 个典型违法广告进行了曝光。

它们是：

——吉林卫视 6 月 28 日发布的雪泡瘦电视直销广告。该广告夸大产品性能和效用，使用"想瘦哪里哪里瘦""20 天减了 30 斤"等不科学的保证，误导消费者。

——东南卫视（福建）6 月 29 日发布的纯果肤立白电视直销广告。该化妆品广告使用"永久绝毛"等绝对化用语夸大产品效用，并使用消费者使用前后形象对比误导消费者。

——内蒙古卫视 6 月 28 日发布的镇痫片电视直销广告。该药品广告属于禁止在大众传播媒介发布的处方药广告，含有使用医疗机构、专家、患者的名义和形象作证明的内容。

——贵州卫视 6 月 21 日发布的任仲传风痛康膜电视直销广告。该普通用品广告使用医疗用语或者易与药品混淆的用语，宣传产品的治疗作用，并使用专家、患者名义和形象证明产品功效。

——云南卫视 6 月 28 日发布的黑姿魔发梳 + 永久黑电视直销广告。该化妆品广告使用"韩国最新科技""一生永久黑发"等绝对化用语，夸大产品性能和效用，引用数据未注明出处。

——湖北卫视 6 月 28 日发布的瑞眼矫视镜电视直销广告。该广告使用医疗用语或者易与药品混淆的用语，宣传产品的治疗作用，夸大产品性能和效用。

——江苏卫视 6 月 29 日发布的 Absolution 360 健身器电视直销广告。该体育器材广告宣传"电子刺激肌肉技术"，宣称"比普通运动有高达 7 倍的效果"，夸大产品性能和效用。

——甘肃卫视 6 月 29 日发布的法国芬滋巢电视直销广告。该食品广告使用医疗用语或者易与药品混淆的用语，宣传食品的治疗作用，夸大产品性能和效用。

对以上违法广告，工商部门将责令停止发布，依法查处。①

由于时间的关系，这些欺诈性广告在被曝光之后均已从电视节目中停播。因此，为了得到相关研究语料，笔者尝试在网络上搜索以上被曝光的视频广告，其中 2 个视频广告（内蒙古卫视 6 月 28 日发布的镇痫片电视直销广告和湖北卫视 6 月 28 日发布的瑞眼矫视镜电视直销广告）因故无法搜到，但被曝光的另外 6 段视频广告还是能在优酷网上搜到。由于这 6 段搜到的视频产品信息量及长度等都具有一定的代表性，可以构成本书的分析语料，因此笔者决定将它们作为本书考察的分析对象。

然后，笔者通过一遍遍观看视频，将视频中所有语言转写为文字语料存在 Microsoft Word 文档中，作为本书语料，并统计了相关视频的长度和包含的字数。这 6 段非法电视直销广告的长度和转写成文字语料之后的字数具体统计结果如表 5 - 3 所示：

---

① 张晓松. 工商总局曝光 8 家省级电视台违法直销广告［EB/OL］. 新华网，2010 - 07 - 30.

表 5 - 3　涉嫌欺诈的电视直销视频基本情况表

产品名称	雪泡瘦	纯果肤立白	任仲传风痛康膜	黑姿魔发梳+永久黑	Absolution 360 健身器	法国芬滋巢
视频时长	14 分 58 秒	5 分钟	28 分 40 秒	5 分钟	4 分 20 秒	3 分 1 秒
字数（字）	1 464	1 729	3 271	1 821	1 297	963

需要说明的是，表 5 - 3 中视频时间长度是指笔者从网络上下载视频用优酷播放器打开后，左下角自动提示的视频时间长度。由于所有文字语料均是从视频当中转写而成，其中的标点符号都是笔者根据视频当中的停顿及语气而添加上的，包括逗号、句号、感叹号、问号、冒号等。另外，为了将语言的来源和说话人信息表达得更加清晰，笔者在转写时人为添加了少量文字。比如主持人在说话时，笔者就在他/她所说的话前面添加了"主持人"这样的文字，如果是消费者在说话，笔者就在其所说的话前面添加"消费者 1""消费者 2"这样的文字，此外还有"某专家""某某人"等。在字数统计当中，笔者按照 Microsoft Word 软件当中"工具"选项里的"字数统计—字数"呈现的统计信息来确定。当然，这个字数统计结果当中包含了转写时人为添加的少量文字信息，由于数量并不多，基本不影响统计结果，为了方便起见，笔者并未从统计结果中将其去除。6 段视频语料就是通过以上方法收集和统计而来的。这 6 段视频及其转写的文字语料将作为本书第一个研究问题的分析语料，重点考察电视直销视频当中模糊话语的使用情况、相关模糊话语的形成方式、涉及的广告内容维度以及各自的分布情况。

5.3.2　受访对象调查视频语料来源及问卷调查数据收集方法

接着，笔者确定了发给受访对象进行开放式问卷调查的视频和语料。考虑到受访对象的时间和耐心，经过认真考虑，笔者最终决定选择这 6 段视频当中的一段——"黑姿魔发梳 + 永久黑电视直销广告"视频作为本书第二个研究问题的语料来源，发送给受访对象进行问卷调查。该视频从头到尾花大量口舌推销的是一款能使白发变黑的"黑姿魔发梳"；采用的方式如下：首先由一位女性主持人对该产品的性能、效果、质量等方面以渲染性语言进行介绍，然后辅以数名"消费者"打电话与其互动，询问该产品相关情况，然后订货购买，最后再由几名"消费者"分享其使用后的感受和体会，证明该产品使用的方便快捷和有效性。

笔者将该视频作为实验语料主要是基于以下考虑：①该视频采取的推销方式比较具有代表性，而且长度适中，约 5 分钟，不算太长，也不算太短。这样在做调查时既不会占用受访对象太多的时间，又能够收集到研究所需要的一定数量的反馈数据，该视频的选取在占用受试时间和收集研究所需要数据之间可以达到一个比较理想的平衡。②经过笔者初步考察，该视频当中包含的各种模糊话语的种类也比较丰富，具有一定的代表性。

笔者将拟发送给受访对象的视频广告背景介绍和广告中人物所说的话，全部以书面文字的形式记录下来，转写成研究中的文字语料，共 160 个小句，合计 1 821 字。接着，笔者联系圈内拥有不同职业背景的朋友，将转写的调查项目及要求和文字语料及视频通过电子邮件发给他们，告诉他们这是一段已经被认定为非法的电视直销广告，请他们在观看视频时指出所有他们认为涉嫌欺诈或误导的话语，并在转写的语料当中标出，标上序号，然后在括号内写出他们认为相应话语涉嫌欺诈的理由。之所以事先告诉他们这段广告被定性为非法广告，是因为笔者希望受访对象尽可能多地考虑该广告存在的问题，看看他们是否会指认该广告中的模糊话语存在使用问题，以便在后面的理论分析和访谈分析中加以评论。

为了便于受访对象理解调查要求，笔者对调查要求和参与调查的方式进行了解释，并给出示范例子，从而让受访对象对如何参与调查有一个清楚的了解。操作说明及示例如下：

操作说明：您所收看的视频广告已经被国家工商部门公布确认为非法直销视频（以下附转写的对应文字语料）。请您观看视频时，指出所有您认为可能存在问题的地方，然后在相应的转写文字材料中将该相关语言用红色标出，在相关话语后面添加括号，在括号内添加序号，并简要说明您认为这些说法存在问题的理由。

比如这是给您的视频转写文字语料：

……（纯果肤立白）美白收缩液，瞬间收缩毛孔，越用越白。
马上来电免费试用，火速订购马上送你韩国的星级美白霜，无效退款……

您可以参照以下方式进行标注和解释（由于本书打印稿有可能是黑白的，无法显示颜色的差别，因此下面例子当中话语的标注方式将采用粗体字进行呈现）：

……（纯果肤立白）美白收缩液，**瞬间收缩毛孔**（1. 真有那么快吗？其原理又是什么，会不会有什么副作用？感觉不太靠谱），**越用越白**（2. 能变多白？）。

马上来电免费试用，火速订购马上送你韩国的**星级美白霜**（3. 什么样的美白霜可以称作星级美白霜呢？跟普通美白霜有何区别？感觉比较模糊），**无效退款**（4. 使用无效的标准和依据是什么？退款怎么退？）……

需要说明的是，在开放式调查问卷的前面，笔者还添加了三个问题，以便了解受访对象平时看电视的时间、看电视直销视频的时间及是否有电视购物的意愿或经历。同时，为了了解不同人群对相关直销广告涉嫌欺诈的看法，笔者在给受试的转写语料前面加上了关于受试性别、年龄及受教育程度三个方面的选择题，以便后面考察不同性别、不同年龄及不同文化水平的人群对模糊话语涉嫌欺诈的识别情况。

由于受试中的年长者对电脑技术的掌握情况较差，笔者邀请了几个热心朋友协助他们完成调查。协助调查者首先向长辈解释相关情况和要求，然后放视频给他们看，遇到他们认为有问题的地方随时暂停播放或回头重新播放。长辈口头描述原因时，调查者在电脑上进行记录，完成之后保存Word 文档，再发回给笔者。

本次调查共有48 名受试参加，通过上述过程，回收调查问卷之后，发现有2 个受试没有按要求在文中进行标注和注解，只是在最后给出了一个大概的评价，这样的问卷可能是因为受试没有仔细去看视频而草草应付了事，因此，这2 份问卷作为无效问卷排除在外。最后一共获得46 份有效调查问卷，作为本书第二个和第三个研究问题分析的语料来源。

5.3.3　访谈语料来源及收集方法

访谈时，笔者设计好问题，循序渐进地与受访对象聊天，并记录相关信息。访谈主要分为两部分，一部分是第 6 章根据受访对象回答的问卷及标准情况对受访对象进行的回访，问他们对相关话语标注或者未进行标注的原因；另一部分主要是针对一些特定的消费者进行的访谈，主要选择 60 岁左右、头发已白的老年人，问他们对一些涉嫌欺诈的模糊话语是怎么理解的，从而挖掘其理解的方向，分析其相关心理。访谈过程主要是通过录音的方式进行记录，然后再由笔者自己回听，将访谈结果与具体分析进行结合，得出相关研究结论。

5.4 语料分析

以上详细说明了本书受试的基本情况，语料收集的来源和方式，语料收集、转写过程和方式，以及问卷调查包含的内容、问卷调查的发放方式和回收过程，最终得到本书所需要的所有语料。本节将在前文基础之上详细阐述电视直销广告语料及受试调查语料的分析方法。

5.4.1 非法电视直销广告中模糊话语使用频率的统计方法

这部分的统计主要遵循以下顺序：首先，根据模糊话语的相关定义，统计出 6 段非法电视直销视频转写语料中模糊话语出现的次数，再统计出 6 段视频转写语料当中包含的所有小句数量，然后将两者相除，得出非法电视直销广告中模糊话语的使用频率。接着，重点考察电视直销视频广告中的模糊话语，在前人研究基础之上挖掘模糊话语的形成原因，再按照模糊话语的形成原因对所有的模糊话语进行分类，然后再将所有模糊话语按照不同成因进行数量统计，得出每种不同成因的模糊话语的总数，再将每种不同成因的模糊话语数量与模糊话语的总的数量相除，得出每种不同成因的模糊话语在总数中各自的分布比例情况。下面我们分别详细介绍模糊话语数量的统计方法、电视直销广告转写语料中包含的小句数量统计方法及模糊话语成因的归纳方法。

5.4.1.1 模糊话语使用次数统计方法

基于本书第 2 章的相关定义，模糊话语是含有某种模糊的话语，包括使用模糊语言而带来的模糊话语、松散使用精确数字而带来的模糊话语以及传递不确定含义而带来的模糊话语，依此识别非法电视直销广告中出现的模糊话语并统计其使用次数。凡是遇到话语意义模糊不清的情况，我们就将其计为一次模糊话语①，将其用红色标出，并标注上序号，以便最后统计总数。本书使用粗体字对其进行标注。试看以下例子：

永久绝毛1，告别脱毛。

全身脱毛2，只需要**一次性选择**3，纯果肤立白。

纯果肤立白，**一擦**4就**净白**5，体毛不再来。

纯果肤立白，**一擦**6又**净白**7，**全身**8亮起来9。

注意，现在看到的**不是普通脱毛膏**10，**不是普通增白**11，而是今年轰动美容界的**永久脱毛美容产品**12——纯果肤立白！

通过这种方法对每段视频的转写语料进行标注和统计，得到6段视频总的模糊话语使用次数。

5.4.1.2　小句统计方法

为了统计模糊话语在所搜集的电视直销广告中的使用频率情况，笔者采取将模糊话语出现次数与相关广告中所有小句总数相除的方法来描述，这就必然涉及小句的数量统计。

由于本书文字语料是通过电视直销视频转写而来，因此转写过程中笔者根据说话人的停顿和意义单位进行判断，添加了逗号、句号、感叹号等，以方便阅读。在统计小句数量时，主要根据视频话语中说话人的停顿来确定。也就是说，本书所统计出的小句数量，是指在转写的语料中按照以上标准区分而统计出来的小句数量。在区分小句时，将视频中说话人说完一个意义相对完整的小句并且明显出现停顿的部分作为一个小句，也就是说，在转写的语料中，笔者以逗号、句号、感叹号、问号等隔开的小句部分为单位，先用斜杠"/"在转写语料中进行标注，最后进行计数，得到小句总数。

需要说明的细节有以下几点：

（1）在电视直销广告中常常会出现主持人或消费者表示惊叹的语气

---

① 这里，作为操作定义，笔者将一个语义完整的小句等同于一个话语（utterance）单位。相应地，一个模糊话语就是含有一例或多例模糊情况的小句。

词，比如"哇""哦""哎"等，这些语气词在转写过程中也照实体现在转写的文字语料中。但是，由于这些语气词一般不具有模糊性，将它们作为一个小句来统计意义不大，因此统计小句时将它们排除在外，如下面例（3）中的"对"，例（4）中的"哇""哎"。

（2）在电视直销广告中常常会出现主持人在节目现场对消费者的指引性文字，如"来""请""看"等，由于这些词一般不具有模糊性，与本书的相关性也不大，将它们作为一个小句来统计意义不大，因此统计小句时也将它们排除在外，如例（2）中的"注意"。

（3）如前文所交代的那样，在转写语料时，笔者针对视频中的场景切换等相关细节，在转写语料时人为添加了少量文字，如"主持人""消费者1"等，由于这些文字未出现在视频中，在统计小句和字数时也非常方便——辨认和区分，因此在统计时已经将这些备注排除在外，不计入小句总数之内。

我们看以下几个例子，以便读者对小句标注情况有一个更清楚的了解。例如：

（1）日本人从不外出染发，/用的是韩国人的最新科技，/克服传统染发所有缺点，/这就是黑姿全自动魔发梳！/

（2）永久绝毛，/告别脱毛。/

全身脱毛，/只需要一次性选择，/纯果肤立白。/

纯果肤立白，/一擦就净白，/体毛不再来。/

纯果肤立白，/一擦又净白，/全身亮起来。/

注意，现在看到的不是普通脱毛膏，/不是普通增白，/而是今年轰动美容界的永久脱毛美容产品——纯果肤立白！/

（3）对，连续使用三个疗程，/汗毛就会一次比一次细，/皮肤一次比一次白，/三个疗程不再长出新的体毛。/

（4）哇！怎么可能，/怎么会擦掉呢！/好明显啊！/现在我们请到一位"美眉"，/她想试试腿上的效果。/

哇！真的好浓密啊！/五分钟时间到，/3、2、1！/这个发明太伟大了！/

哎！好滑呀！/我以后再也不要穿丝袜了！/

上述例子中出现的每一个斜杠分隔的一部分文字，被算作一个小句。例（1）中所有小分句之间都有较明显的停顿，而且每个小分句所表达的意义相对完整，属于比较标准的小句，因此我们以转写时的逗号为标准，对其进行了小句的标注。例（2）中前面凡是以逗号为分隔的部分都属于标准的小句单位，因此正常标注；但最后出现了主持人的提示语"注意"两字，由于这两个字只是很简短的提醒，不存在模糊的意义，因此没必要将它算作一个小句。例（3）中同样出现了一个"对"字，也不具有模糊意义，因此我们也不将其算作一个小句，未对其进行标注。例（4）中多次出现了表示惊叹的"哇"，与本书所研究的模糊话语没有多大关系，因此我们未对其进行小句标记。

5.4.1.3　模糊话语形成方式类别及数量统计方法

本书对模糊话语形成方式的归纳，主要是基于前人研究成果而得来的。笔者对所收集的电视直销广告中使用的模糊话语展开进一步分析，呈现所使用的模糊话语的形成方式及使用频率。

从前面章节的文献回顾中我们可以看到，以往对语言模糊的研究主要分为两大阵营，一是语言本体模糊的研究，二是交际中考虑语境的语言交际模糊研究，两大阵营的模糊现象都分为几种相应的类型。语言本体的模糊种类包括"边界不清""歧义性""含糊不清""近似性""概括性或笼统性""不确定性"六种类型。这些类型的语言本体模糊进入交际话语之后，就形成了模糊话语。但此处有两点需要说明：第一，尽管概括或笼统性语言模糊也是模糊话语的成因之一，但是笔者发现，对这种类型的模糊而言，由于类属范畴判断的标准不够明确，笼统性模糊话语比较难以判定。比如像"花""鸟""树"等之类的概念，究竟应该以什么层次的范畴来界定笼统的标准呢？打个比方，"花"算是一个笼统范畴，因为下面还可以分为玫瑰花、牡丹花、丁香花等类别。"玫瑰花"又何尝不是一个笼统范畴呢？因为玫瑰花下面还可以细分为很多种类和颜色。因此，由于笼统范畴界定的主观性比较强，而且以往文献中的研究也相对较少，因此笔者将这个类型的形成原因排除在外。我们把源于语言本体模糊使用的模糊话语分为"边界不清模糊话语""歧义性模糊话语""含糊不清模糊话语""近似性模糊话语""不确定性模糊话语"五种类型。第二，语用模糊导致的模糊话语一般有三种情况，分别是含义不清、施为用意不清和松散性使用，但考虑到施为用意和含义是从不同角度（前者从言语行为角度，后者从说话人意义角度）对间接言语传达的隐含信息的描述，两者有较大的相关性，鉴于此，笔者将两者合并为一大类，不作区分，采用含义不清或施为用意不清来概括。这样的话，语境因素等导致的模糊话语可以归结为两种。下面结合直销广告话语语料，对每种类型的模糊话语进行举例和阐释，如表5－4所示：

表5－4　模糊话语成因种类、描述及举例分析

模糊话语种类	模糊话语成因	描述	电视直销广告中的模糊话语举例	分析
语言本体模糊导致的模糊话语	A边界不清	包含语义边界不清的模糊语言，如"大、小""红、黄"等话语；一般都可以用程度副词进行修饰	即使是79、80岁的老人，也是"满头""乌黑"秀发；"立刻"	满头是多大程度？乌黑是什么样的黑？
	B歧义性	可以有多种含义的模糊话语和模棱两可的情况，如"他借我200元"	买一送一；三天可以退；一周也可以退	退什么？能退多少？
	C含糊不清	话语含义内容指代不清楚，不够具体，如"有些人想法很怪"中的"有些"	每次染发只需要"几块钱"；全国"权威报告"；包含17种名贵中草药精华	"几块钱"到底是多少？如何计算得出的？什么机构或单位出具的权威报告？到底是哪些药材，没有说清楚
	D近似性	表示近似的修饰语，如"大约""左右"等	无	
	E不确定性	命题内容的不确定，如"可能""也许""我认为""我觉得"	无	

66

（续上表）

模糊话语种类	模糊话语成因	描述	电视直销广告中的模糊话语举例	分析
语境因素等导致的模糊话语	F 含义不清或施为用意不清	隐喻用法中的含义不清楚或者言语行为在语境中的不明确：请求，威胁，还是什么	他是一头牛；韩国人在用，日本人也在用	难道中国人也应该用吗？
	G 松散性使用	精确数字含糊使用	只需要 1 秒钟，黑姿素因子立即进入头发内部；只要梳一下，头发立刻变黑	使用精确数字表达模糊含义，是想说明速度快；"一下"，肯定不止一下，这里是为了表达产品使用的方便性、快捷性

对于模糊话语成因的归纳，笔者还需要补充说明以下几点：

首先，从文献回顾中我们可以看到，模糊限制语是模糊话语的实现方式之一，然而在这里笔者并没有将它单独列出，原因是以上语言本体模糊在使用中导致的模糊话语其实已经包含了模糊限制语的成分。例如，变动型模糊限制语"大概"的使用会导致近似性模糊话语；缓和型模糊限制语"我认为"的使用会导致不确定性模糊话语。为此，我们没必要再将它单独呈现。

其次，导致模糊话语形成还有三种情况，分别是含义不清、施为用意不清和松散性使用。这些情况不是因为使用了本体模糊的语言单位，而是特定话语由于语境因素等的作用而产生模糊。

最后，在确定上述分类后，笔者将各种因素导致的模糊话语分别用大写字母 A、B、C、D、E、F、G 来表示，然后在回收的调查问卷中将事先已经确定为模糊话语的部分用字母进行一一标注，根据标注统计出各类模糊话语的频数，再用各种因素导致的模糊话语出现的频数除以所有类型的模糊话语的总数，从而得出每种模糊话语在所有模糊话语中的分布频率。通过分析涉嫌欺诈的各类模糊话语类型在视频材料所有模糊话语中所占的比例，看看不同形成方式的模糊话语跟欺诈之间是否存在一定的相关性。

5.4.2 涉嫌欺诈的模糊话语的分类及统计方法

在收到受试的反馈后，笔者对其进行仔细研究并归类，根据定义，将所有被指出涉嫌欺诈的话语分成两大类，一类与模糊话语有关，另一类与模糊话语无关。

调查问卷收集完毕之后，笔者对问卷进行了仔细分析和考察，将受试标出的话语分为两大类，一类是非模糊话语，另一类是模糊话语。模糊话语的辨认主要是基于第 2 章的标准来进行的。当然，这里需要说明的是，不同的受试在辨认存在欺诈或误导的话语时有不同的见解，当然也存在相同和重合的标注和见解。在统计时，相同的话语只要被受试指出，笔者便计为一个频次，因此其中存在重合的地方。但是，我们所有的话语均以所有受试问卷中出现的频次为依据。

这里的频率统计有两组数据，一组是相对数据，即出现一次算一次，这个数据我们放在第 7 章使用，以考察受试的辨认能力；另一组是绝对数据和频率，这个数据我们放在第 6 章使用，以考察一个视频话语中欺诈话语和非欺诈话语的比例及频率情况。

首先，确定与模糊话语有关的涉嫌欺诈案例的判断标准，即受试是否在反馈中认为广告商使用了模糊话语，如使用了边界不清、不确定、歧义、含糊不清、近似的模糊语言，或使用了含义不清或施为用意不清、松散性使用等说法。例如，有些受试在标出的红色字体括号内写原因和理由时使用了"模糊""不清楚""到底是多少""到底是什么样的药品""真假难辨""拥有什么样的条件才可以退货"等字眼，或者其他类似表示模糊不清的字眼说明广告商提供的信息不全、模糊。根据这一标准，判定受试指认的这些欺诈性话语与模糊话语有关，然后将其中的模糊性话语由红色字体转为蓝色字体；如果受试在括号内给出与信息不明确或者模糊毫不相关的原因，判定相关欺诈性话语与模糊话语无关，单独进行分类考察。其次，逐一统计出每份材料中红色话语（即与模糊话语有关）和蓝色话语（即与模糊话语无关）出现的频数。最后，汇总所有被受试标注为红色（即涉嫌欺诈或误导）的话语的数量，再计算出涉嫌欺诈的模糊话语的使用频率。不涉及模糊话语的欺诈性话语则被计入与模糊话语无关的集合当中，计算其使用频率。

　　关于模糊话语的频数统计单位，有一点需要说明：有些受试将单个的词汇用红色标出，并在后面的括号内写上理由，对于这样的情况，笔者将之计为一次模糊话语。例如，一受试将"经权威鉴定"小句中的"权威"两字用红色标注，笔者就将其认定为一次模糊话语。有时，个别受试在一个或两个小句上都用红色标注出来，涉及的文字较多，括号内笼统地给出诸如"模糊""不清楚"等描述，这表明受试已经意识到这些语言当中存在诸多模糊现象，但是没有仔细区分。在这种情况下，根据模糊话语的定义，在其标注的红色字体部分逐一标注出其中包含的模糊话语使用次数，再分别计入总数之内。

　　还需要说明的是，有时不同的受试在相同的话语上进行标注，但是给出的理由却不一样。这时，我们就根据其括号内所给出的解释和说明来判断受试对该话语的认识和关注的侧重点，如果涉及模糊的评价语，则应归于模糊话语之列；若不涉及模糊的评价语，则将它归于非模糊话语之列。对与模糊话语无关的欺诈性话语中究竟包含了哪些类别，我们也会对其进行一些考察，考察其中比较典型的一些类型，并作简要说明。由于这部分不是本书关注的重点，因此在第 5 章中将根据受试在括号内所给出的评价，结合话语内容和实现方式进行简要分析，此处暂不展开。

5.4.3　模糊话语涉及的内容分类方法

　　关于电视直销广告中模糊话语所涉及的内容，笔者主要从四个方面进行考虑：①关于当下产品本身的说明；②介绍当下产品时采用的言据；③指称的产品对象；④以上三个方面以外的内容。相应地，笔者将模糊话语涉及的内容分成四个方面：①产品说明；②言据；③指称对象；④其他。其中，产品说明模糊主要涉及产品的价格、质量、功能、效果、产地等方面；言据模糊则是指广告商在介绍产品时所提供的证据，如权威机构、证明人身份等方面存在模糊。表 5 - 5 呈现的是模糊话语涉及的内容分类：

表 5-5 模糊话语涉及的内容分类

模糊话语涉及的内容		举例	分析
产品说明 X	X1 价格方面	每次染发只需要"几块钱"	"几块钱"到底是多少钱？属于不确定性的模糊话语
	X2 质量方面	含有 17 种"名贵"药材	哪"17 种"呢？属于不确定性的模糊话语 "名贵"与不名贵的界限在哪？属于边界不清的模糊话语
	X3 作用、效果或功能方面	只要"梳一下"，白发"立即""变黑"	"梳一下"是精确数字的模糊使用，属于松散性使用的模糊话语；"立即""变黑"属于边界不清的模糊话语
	X4 销售方面	白发"全部"变黑	怎么样才算"全部"呢？属于边界不清的模糊话语
言据 Y	Y1 相关信息的佐证机构或人物	经过"权威"机构鉴定	哪个权威机构？属于含糊不清的模糊话语
指称对象 Z	Z 特定信息的指涉对象	买一送一	"一"的指代对象不明，属于歧义性的模糊话语
其他 Q	Q 消费者自我情况描述及其他	我以前这个腿啊，肿得不像样子，没日没夜地疼，疼得受不了	多么肿为"肿"

　　根据以上模糊话语的分类情况，笔者对 46 份调查问卷中所有被标注为蓝色字体的模糊话语进行辨别和分类，然后标上相应的字母。再以拷贝的方法，归入以上与产品本身各个方面相关的方面，最后再统计产品的每个方面涉及的模糊类别以及各种类别的频次，最后计算出每个方面涉及的各种模糊话语的比例，进行横向比较，看看每个方面涉及的模糊话语种类及频次或频率有何异同，或者还存在哪些规律、特征等。

　　在辨别过程中，笔者邀请了两位语用学研究者参与判断一些相对而言不够清晰的案例，如他们根据笔者提出的定义一致认同笔者的判断，就直接给相应话语标注对应的字母类别；若存在争议，则由三人一起分析琢磨，商量一致后决定归入何种类别比较合适。通过这样的方法归类整理之后，笔者对每份调查问卷进行分类统计，再合计 32 份调查问卷中模糊话语各个类别的总数，然后计算出各种类别的模糊话语分别在总数中所占的比例，从而考察涉及不同内容的模糊话语与欺诈之间是否存在一定的相关性。

5.4.4　模糊话语诱发错误解读的理解机制的分析方法

关于模糊话语诱发错误解读的理解机制研究，我们引入关联论的语用充实理论（Wilson & Sperber，1986，2002），对电视直销广告中模糊话语的理解进行解释，看看受试是如何理解电视直销广告中的模糊话语的。

5.4.4.1　模糊话语理解机制的分析方法

根据词汇语用学理论，词语的使用受制于特定的语境，表现为词语的语境语用化现象。话语理解中词语可发挥语用触发语的功能，引导人们进行以语境为基础的语用收缩与语用扩充。词义及其所指范围的扩大、延伸或缩小都涉及寻找最佳关联信息的语用充实，而不是静态的原型意义或语码信息的直接再现（冉永平，2005）。

语用充实主要包括两种，一种是语用收缩，另一种是语用扩充。语用收缩是指某词汇的意义包含范围很大，但是放在某一具体情境下，其意义因为受到语境因素的限制而收缩到一个相对较小的范围。语用扩充则是一个相反的过程，它是指词汇或结构的原型意义或常规意义在一定语境中的语用弱化或延伸。

根据语用充实理论，我们假设，警惕性较低的消费者在对电视直销广告中一些模糊话语进行理解时，进行了一个内在的语用充实过程，充实的方向有好多种，但是他们可能往往倾向于比较好的方向、有利于自己的方向进行充实，得出较好的结果，从而促成自己的购买行为。比如对于"买一送一"这样的指称模糊，电视直销广告商故意回避"买一送一"的"一"究竟是什么产品，也未说明其详细的规格和含量等。消费者在理解过程中进行语用充实时，就选择了将第一个"一"充实为之前广告中提到的质量优异的产品，而将第二个"一"也充实为与前面的"一"同样规格和质量的产品。当货款汇出去之后，货品寄到消费者手中时，他们才发现，赠送的产品可能只有微不足道的一点点体积和规格，甚至是一个根本不值钱的小礼品。这样一来，事实上消费者并没有得到料想中的优惠价格，反而可能比在市场上买同样产品的价格要贵出很多，从而蒙受了不必要的损失。

5.4.4.2　模糊话语诱发错误解读与特定社会心理因素的关系分析方法

以上我们提到，消费者对电视直销广告模糊话语的理解要经历一个语用充实的过程。笔者假设，在进行语用充实时，消费者充实模糊话语的方向可能会受到一些社会心理因素的影响。因此，本书将参考广告心理学和社会心理学的相关理论（樊文娟，1998；Jansson-Boyd，2010）进行访谈，了解消费者在理解特定模糊话语时可能持有的心理期待，并结合相关语料进行分析，总结出模糊话语诱发错误解读时所利用的社会心理因素，进行举例详细分析。比如我们上文提到的例子，"买一送一"中的"一"到底是买一个什么，赠送一个什么？或者即使是说明了买一瓶什么产品，赠送产品的重量和大小也没有明确说清楚。警惕性不强的消费者可能以为买的产品和赠送的产品品质、大小、数量都是完全一样的，从而得出只要一半价钱的优惠心理期待，产生购物冲动，最终上当受骗。为此，笔者将对一些消费者进行访谈，如果访谈结果支持这一点，就可以证明电视直销广告商正是利用了消费者贪图价格便宜的心理，成功达到其欺骗和误导目的。

5.4.4.3　模糊话语诱发错误解读的影响因素分析方法

我们将46名受试分别按照性别、年龄和文化水平分成几组，然后考察各组分辨模糊话语的数量，看看他们的分辨能力是否因为性别、年龄和文化水平的不同而存在差异。基于他们的回答，笔者拟进一步论证社会心理因素对广告商实施欺诈的"促成"作用。

5.5　小　结

本章主要交代了本书受试的基本情况，语料的来源及收集方法，以及对语料和相关数据进行分析的详细方法、过程和步骤。首先，本书收集了被国家工商总局定性为非法的6段电视直销视频，由笔者进行文字转写，然后对其中的小句和模糊话语进行标注，以小句为单位计算出电视直销广告中使用模糊话语的频率情况。其次，笔者将以往模糊语言研究文献总结出来的种类作为模糊话语的形成原因，对所有的模糊话语进行分类，考察不同成因的模糊话语在非法电视直销广告话语中的分布情况。再次，按照模糊话语涉及的四个方面（产品说明、言据、指称对象和其他）进行区分和标注，统计模糊话语在各个方面的分布情况。笔者选择其中一段具有代表性的电视直销视频，将其做成调查问卷的方式，发给受试，让他们对认为有欺诈嫌疑的地方进行标注，并说明理由。问卷收回之后，笔者对欺诈性话语进行区分，分为欺诈性模糊话语和非欺诈性模糊话语，然后着重分析欺诈性模糊话语的形成原因和涉及内容方面的分布情况。最后，结合访谈分析欺诈性模糊话语的理解机制，从中挖掘相关社会心理，考察不同人群受相关社会心理影响的程度，从而得出模糊话语实施欺诈的内在机制。

　　下面几章将详细汇报研究数据的分析结果，并对数据作出相关阐释，从而得出本书的结论。

第 6 章

电视直销广告中模糊话语的使用情况考察

本章主要对被国家工商总局认定为非法电视直销广告的 6 段视频进行考察，首先分析这些非法电视直销广告中模糊话语的使用数量和比例情况，考察电视直销广告在多大程度上使用了模糊话语；其次分析模糊话语形成的原因，统计源于不同形成原因的模糊话语的使用数量和比例情况；最后将模糊话语按照其涉及的内容分为几个方面，考察涉及不同内容的模糊话语的使用和分布情况。通过上述统计分析，试图发现模糊话语形成的原因及涉及的内容与诱发欺诈之间的可能联系。

6.1　非法电视直销广告中模糊话语的总体使用情况

电视直销广告欺诈的案例时有报道，可还是不断有人上当，其中涉及的原因很多。根据以往文献（如吴亚欣，2002；冉永平，2008；赵凤兰，2008；邹俊飞，2010；陈新仁、陈娟，2012 等）我们可以看到，模糊话语在广告中会起到一定的欺诈和误导作用，那么，非法电视直销广告中模糊话语的使用情况怎样呢？带着这样的问题，笔者基于前面章节对模糊话语的界定，以及根据研究设计中交代的方法，将 6 段非法电视直销广告的转写语料中所使用的模糊话语进行逐一标记，再统计每段视频转写语料中包含的模糊话语频数，以及总的小句频数，两者相除，得出电视直销广告中模糊话语相对于小句频数所使用的频率情况。

经上述标注和统计，获得了 6 段非法电视直销广告中所包含的模糊话语频数及分布情况。统计结果情况如表 6 – 1 所示：

表 6 – 1　非法电视直销广告中包含的模糊话语使用频数及频率

	雪泡瘦	纯果肤立白	任仲传风痛康膜	黑姿魔发梳 + 永久黑	Absolution 360 健身器	法国芬滋巢	合计
视频时长	14 分 58 秒	5 分钟	28 分 40 秒	5 分钟	4 分 20 秒	3 分 1 秒	60 分 59 秒
模糊话语频数	67	122	117	98	63	59	526

（续上表）

	雪泡瘦	纯果肤立白	任仲传风痛康膜	黑姿魔发梳＋永久黑	Absolution 360 健身器	法国芬滋巢	合计
小句频数	146	172	312	143	96	83	952
模糊话语使用频率	45.89%	70.93%	37.50%	68.53%	65.63%	71.08%	55.25%（平均）

从表6－1中我们可以看到，雪泡瘦广告转写语料共包含146个小句，使用模糊话语67处，模糊话语使用频率达到45.89%；纯果肤立白广告使用模糊话语122处，共包含172个小句，模糊话语使用频率达到70.93%；任仲传风痛康膜直销视频使用模糊话语117处，共包含312个小句，模糊话语使用频率为37.50%；黑姿魔发梳＋永久黑视频广告使用模糊话语98处，包含143个小句，模糊话语使用频率为68.53%；Absolution 360健身器直销广告使用模糊话语63处，共96个小句，模糊话语的使用频率为65.63%；法国芬滋巢电视直销广告使用模糊话语59处，共包含83个小句，模糊话语的使用频率为71.08%。

从以上数据我们看到，模糊话语使用频率最高的是法国芬滋巢电视直销广告，高达71.08%，纯果肤立白广告模糊话语使用频率位居第二，达到70.93%。即使是使用频率最低的任仲传风痛康膜视频广告，也达到37.50%。合计下来，这6段非法电视直销广告视频共使用模糊话语526处，包含952个小句，模糊话语使用的平均频率为55.25%，也就是说，电视直销视频中，平均每2个小句中就至少使用一次模糊话语。

换一个角度看，由于电视直销视频的话语比较注重煽动性，有些采用了非常简洁的四字短句来进行宣传和介绍，使得话语显得简洁明了、铿锵有力，有时还会不断重复，因此其中每一个完整的长句中包含若干个小句（至少2个小句），有的甚至包含5~6个小句。比如下面2句语料：

（1）一个两次申报诺贝尔奖的医学科技，／风湿骨病泰斗任仲传，／高超仁术，／惠及百姓，／医道大爱，／温暖世人。／

（2）任仲传风痛康膜，／高吸收，／高渗透，／使用方便，／骨关节疼痛处反复擦拭 3～5 分钟，／自干成膜；／20 分钟，／疼痛消，／红肿消，／酸麻消，／僵直消，／全身立马就轻松；／不耐药，／不成瘾，／不污染衣物，／不过敏，／24 小时持久起效；／荣获 5 项国家专利、12 项大奖，／26 个国家与地区学术认证。／

例（1）中共包含 6 个小句；例（2）中，如果以分号为界，则最多的一个完整句子包含 6 个小句，而最少的一句也包含 2 个小句；如果以句号来算，则一个完整的长句中包含 19 个具有独立意义的小句单位。这样一算，每个完整的长句中使用模糊话语的次数则会上升很多。也就是说，电视直销广告中模糊话语的使用频率或比例还是相当高的。如果每个完整的句子包含 2 个意义相对完整的小句，那样算来，每个完整的长句中都至少包含一个或一个以上的模糊话语。当然，由于电视直销视频中使用的语言是音频形式，并没有明显确定的标点符号，笔者在转写文字语料时根据意义及停顿等因素，人为添加了一些标点，不排除存在一定的主观性和不准确性。因此，我们在计算模糊话语的使用频率时，还是将停顿和意义两者结合起来区分的小句作为单位小句来统计数量。

关于广告中模糊话语使用频率情况的研究，目前还比较少见。大多数研究都是从现象出发，以示例分析其种类表现、功能等。当然也有个别例外。例如，贡灵敏、蒋跃（2007）曾经采用随机抽样的方法对 2005 年《虹》和《时尚》两种杂志中化妆品广告使用的模糊词语进行了一个统计，但是他们是按照模糊词语的词性来分类的，考察英汉化妆品广告中具有模糊性质的名词、动词、形容词、副词、比较级、最高级、代词、程度变动语、范围变动语、非数字的模糊量词、数词、介词等，并进行统计，然后分别考察各自在总的模糊词语数量中所占的比例情况。比如中文化妆品广告中各种模糊词语的分布情况：名词（18.3%）、动词（19.4%）、形容词（53.7%）、副词（4.1%）、比较级（1.2%）、最高级（0.3%）、代词（0）、程度变动语（0.3%）、范围变动语（0）、非数字的模糊量词（1.2%）、数词（1.5%）、介词（0）。该研究并未统计所有模糊词语在语篇中所占的比例，且分析的广告并非涉嫌欺诈，作者并未考察模糊词语的使用与欺诈的关系，因此与本统计结果不具可比性。我们将 6 段电视直销视频总的时间长度（3 659 秒）除以视频中所使用的总的模糊话语数量（526）之后发现，非法电视直销视频广告中，大约每隔 6.95 秒就会出现一个模糊话语。

可见，上述语料中对模糊话语的使用达到很高的程度，且各个广告虽有差别，但都毫无例外地大量使用模糊话语。这一结果支持了前人的研究结论，即广告话语欺诈与模糊话语的使用之间存在很大的相关性。在后面的章节中，笔者将进一步论证这一关联性，揭示不法广告商如何利用模糊话语实施欺诈。

6.2 不同成因模糊话语的使用情况

上节我们统计分析了非法电视直销广告中模糊话语的总体使用情况，并对统计结果进行了分析和阐释。根据我们在第 3 章的分析，模糊话语的成因有多种，相应地，模糊话语从成因角度看可以区分出不同类型。由此，笔者拟对 6 段非法直销广告中源于不同成因的模糊话语的分布情况进行重点考察和分析，以了解模糊话语成因与欺诈嫌疑之间可能存在的联系。

第 2 章文献回顾中曾经提到，我们可以从话语的角度来考察模糊现象，将交际目的、交际语境、交际者纳入考虑范围，提出了模糊话语的概念。笔者在以往文献中语言本体模糊和语境因素等导致的模糊话语研究的基础上，考察分析电视直销广告中模糊话语的形成原因，结果发现，模糊话语的形成基本上都可以归结到本体模糊语言的使用和语境因素等导致的模糊话语的使用两大方面。其中，由语言本体模糊的使用导致的模糊话语有五个原因，分别是边界不清词语的使用，歧义性词汇或句式在话语中的使用，含糊不清词汇在话语中的使用，近似性词汇在话语中的使用，以及不确定性词汇在话语中的使用；语境因素等导致的模糊话语的成因主要归结为两个，一个是含义不清或施为用意不清，另一个是语言的松散性使用。需要说明的是，虽然我们在根据模糊话语成因对电视直销广告中的模糊话语进行分类时参照的是语言本体模糊和语境因素等导致的模糊话语的基本种类，看似与原来文献中所讨论的两大类模糊没有太大区别，但是事实上，我们所强调的模糊话语的概念更注重话语的整体概念，是从宏观话语的层面来讨论模糊现象，跟以往文献中所研究的模糊现象有着本质的区别。

按照第 5 章研究设计中所归纳的分类方法，笔者统计出 6 段视频语料中各种模糊话语形成原因的频数，得到每种模糊话语的使用频数及频率分布情况，再对其分布情况及各种成因之间的分布差异情况进行讨论。统计的频数和频率结果如表 6 - 2 所示：

表 6 - 2　非法电视直销广告中各种模糊话语成因频数及频率分布

模糊话语形成原因种类	频数	频率
A 边界不清	361	68.63%
B 歧义性	38	7.22%
C 含糊不清	62	11.79%
D 近似性	0	0.00%
E 不确定性	0	0.00%
F 含义不清或施为用意不清	11	2.09%
G 松散性使用	54	10.27%
合计	526	100%

如表 6 - 2 所示，非法电视直销广告中，由边界不清导致的模糊话语出现频率最高，共 361 处，占到模糊话语总量的一半以上（68.63%）。相比之下，其余成因导致的模糊话语使用频率都要明显低很多。排在第二位的是由含糊不清导致的模糊话语，共 62 处，占总数的 11.79%。第三位是由松散性使用导致的模糊话语，共 54 处，占总数的 10.27%。第四位是由歧义性导致的模糊话语，共 38 处，占总数的 7.22%。第五位是由含义不清或施为用意不清导致的模糊话语，共 11 处，使用频率相对比较低，仅占总数的 2.09%。经过 SPSS19.0 非参数卡方检验，结果显示它们存在显著性差异（$\chi^2 = 791.928$，$p = 0.000 < 0.001$）。也就是说，电视直销广告中使用的各种不同成因的模糊话语之间的频数情况存在明显不同。结合实际使用频数和频率来看，非法电视直销广告商在选择模糊话语的类型时，主要倾向于使用边界不清的模糊话语，含糊不清的模糊话语次之；而含义不清

或施为用意不清的模糊话语和歧义性的模糊话语则使用相对较少。那么，从这些数据来看，电视直销广告的欺诈性与各种类型的模糊话语之间可能存在的关系会是怎样呢？下面我们就逐步对此问题展开研究和讨论。

此外，从统计中可以发现，有两种成因的模糊话语在这6段非法视频语料中均没有出现，这两种成因分别是：由于使用近似性语言而产生的模糊话语以及由于使用不确定性语言而产生的模糊话语。近似性语言一般指"大约""左右"等之类的修饰词，用在话语当中，会形成模糊话语；语言本体的不确定性则一般指"可能""大概""我认为"等语言的使用，表示说话人对后面所述命题内容的把握不准。笔者认为，这两种成因的模糊话语之所以没有在这6段非法电视直销广告中出现，可能是因为电视直销广告商故意避免使用此类模糊语言，以免消费者对自己的产品信心不够，从而影响到产品的销量。

下面，我们结合这6段电视直销广告视频的转写语料，从成因角度分析由此引发的各种模糊话语实例，对各自比例高低情况进行分析，并探讨其中可能存在的原因。

6.2.1　由语言本体模糊导致的模糊话语

6.2.1.1　使用边界不清的语言

由以上统计我们看到，由边界不清的语言形成的模糊话语在非法电视直销广告中出现频率最高，占到模糊话语总量的68.63%。模糊语言学最初考察的语言模糊现象就是词汇意义的边界不清现象，其原因之一可能是边界不清的语言在自然语言中出现的数量本身就比较多，因此电视直销广告中出现边界不清的模糊话语似乎也是必然的。那么除此之外，还可能存在其他什么样的原因呢？我们结合具体例子进行分析和探讨。试看以下例子：

（1）注意，现在看到的不是<u>普通</u>脱毛膏，/不是<u>普通</u>增白，/而是今年轰动美容界的脱毛美容产品——纯果肤立白！/

例（1）中，"普通"一词的边界不清，到底什么样的脱毛膏是"普通脱毛膏"，"普通"与"特效"或"高档"之间究竟以何为界，并没有一个明确的标准，用在电视直销广告中起到一定的模糊化效果。广告商企图利用这样的模糊话语将自己宣传的产品与其他产品区别开来，突出自己产品的"高档"或"特效"性质，很容易误导消费者，而实际上，该产品与其他同类产品的区别可能不见得就有多大，效果也不一定比别的产品好。再看一个例子：

（2）用完该产品，/毛孔变得好细，/皮肤变得又白又滑。/我做梦都想有这样的皮肤！/

例（2）中"细"与"粗"、"白"与"黑"、"滑"与"粗糙"之间都没有一个明确的界限，属于语义边界不清的模糊语言，用在电视直销广告中形成了模糊话语。用完该产品之后，毛孔究竟能"细"到什么程度，皮肤究竟能"白"到什么程度，"滑"到什么程度，其实都没有一个明确的标准。然而，该词用在该电视直销广告中，一般观众只会受到视频中展示的美女皮肤的诱惑，误认为自己使用该产品之后，也能达到一种很理想的效果，从而轻易地受到诱惑和误导，产生强烈的购买欲望。究竟是什么因素导致消费者朝着那个理想的方向去理解，我们将在后面章节中进行详细分析。

由此看来，电视直销广告中之所以使用诸如此类的边界不清的模糊话语来大力渲染自己产品的质量、效果与功能等，一方面可能是因为这种模糊表达方式在日常话语中出现得比较频繁，因其普遍性而不易引起观众怀疑；另一方面则可以以不易察觉的语言方式去诱导消费者对这类模糊话语朝着一个比较理想的方向去理解，从而不知不觉地对该产品形成较好的印象和信任感，最后促成其消费行为的发生。更关键的一点是，这些模糊话语传达的信息具有无从确认和无从否认的性质，因此即使受众购买产品后认为自己上当受骗了，也因为模糊话语的不确定性而对电视直销广告商无从问责。

6.2.1.2　使用歧义性句法结构

语言本体的歧义性，主要指词汇的同音、同义或句子结构等原因导致该话语可以有两种或两种以上的解读方式，得到两种或两种以上的意义，使用在电视直销广告中，便形成了歧义性的模糊话语。以上数据统计显示，由歧义性语法结构导致的模糊话语使用频率相对较低，仅占总数的7.22%，排名第四位，这可能跟歧义性句法结构的模糊话语在一般语言中出现的频率本身就相对较低有关系。然而，既然该形式出现了，我们就考察一下相关例子，看看这类模糊话语在电视直销广告中会起到什么样的作用。

(3) 魔发梳免费送！/永久黑买一送一！/黑发从此只需几块钱！/

例（3）中，"买一送一"中使用了省略结构，用"一"来指代产品。根据上下文语境，我们可以知道，"买一送一"中的第一个"一"显然是用来代替广告中宣传的产品，而第二个"一"，一般情况下人们很容易将之理解为赠送一个同样的产品。然而，电视直销广告经常会出现这样的情况，广告商承诺"买一送一"，可是消费者真正付款购买产品收到货物后才发现赠送的是一个很小的试用装，跟原产品相差很大，消费者所期待的价格优惠不复存在。有时赠送的"一"是指另外一些不值钱的小物件，根本不是自己原来所理解的原产品。遇到这些情况后，消费者若是心中不服而打电话过去质问，很可能会因为模糊话语所具有的不明晰特性而被电视直销广告商轻易地推卸责任。比如，他们可能会回答："对不起，您可能误会了。我们所说的买一送一，就是指赠送一个小礼品呀。"或者说："照您那样理解，就等于是半价销售了，那样我们厂家都要亏本啦。"如此一来，商家对模糊话语的解释有条有理，并且做到有礼有节、无可挑剔。面对这种情况，消费者除了暗自懊悔，也只得忍气吞声地承受损失了。

因此，这个使用了歧义性句法结构的模糊话语中，对第二个"一"的理解具有很强的模糊性和灵活性。一般消费者往往一厢情愿地将其理解为同样的永久黑产品。按照这样的理解，这种产品的价格就相当于半价销售，相当实惠和便宜，从而产生购买的欲望和冲动，实施购买行为，结果发现上当，后悔莫及。因此，这种原因形成的模糊话语用在电视直销广告中，尤其"用心良苦"，常常出其不意地诱导消费者朝着他们希望的方向去理解，从而获得较好的"推销"效果。至于到底是何种因素在语用加工的过程中起到决定性作用，笔者将在第7章中进一步探究。

6.2.1.3 使用含糊不清的语言

语言本体的含糊不清主要指的是话语含义内容指代不够具体，比如

"有些人不够自觉"中的"有些"，具体指哪些人，并没有说清楚，因此具有含糊不清的特征。在模糊话语中，除了包含以上几种语言本体模糊所导致的模糊话语之外，还包括由于某个词前面没有确定的修饰词，后面也没有具体交代关于这个词的具体情况，导致话语内容的含糊不清和不确定性。由于这两种含糊不清语言的使用而形成的模糊话语，在这几段视频广告的模糊话语总数中占 11.79%，排在第二位。从排名方面来讲，这类模糊话语的使用还是相对较多的；但是，从具体频率来看，与排名第一的边界不清还是相差了近五倍。我们试看几个例子，透析这类模糊话语在电视直销广告中的使用情况。

（4）每次染发只需要<u>几块钱</u>。

按照常识，这里的"几块钱"，既可以指 1 块钱，也可以指 9 块钱，到底是多少钱，商家却没有说清楚。另外，这个"几块钱"是如何计算出来的，上下文中也没有具体交代，因而更加显得含糊不清。观众一般会倾向于理解为 5 块钱以下，觉得很便宜，认为此产品值得购买，而真实的情况可能是 9 块钱一次，甚至需要十几块钱，而这个价格比消费者认为的价格要贵出很多。再如以下例子：

（5）我们拥有全国<u>权威报告</u>，／保证不含苯、铅等化学成分，／您完全可以放心使用。／

这里的"权威报告"到底是什么机构出具的"权威"报告，有什么证明？都没有明确说明，一般消费者看到"权威"二字，都会有一种敬畏的感觉，认为很靠谱，因此会对产品产生信赖感。问题是，到底是什么权威，出具了什么报告，消费者都不得而知，因而该话语的含糊色彩很浓。再看以下例子：

（6）它含有 17 味<u>名贵中草药</u>精华。

这句话中，广告商并没有具体讲明"名贵中草药"到底是哪些种类的名贵中草药，属于含糊不清的情况。在现实生活中，含糊不清的语言"名贵"很容易引导消费者朝着一些价格高、品质好的中草药名目去理解。由此可见，这类由含糊不清语言的使用而形成的模糊话语，在电视直销广告中也起到了相当大的误导作用。至于含糊不清的语言为什么会引发相关理解，笔者将在后面章节加以探讨。

6.2.2　由语境因素等导致的模糊话语

6.2.2.1　含义不清或施为用意不清

这种类型的模糊话语主要是由于使用了隐喻性的语言或者言语行为在语境中的意图不明确。以上数据统计显示，由这种原因形成的模糊话语在电视直销广告中的使用频率相对比较低，仅占总数的2.09%。其原因可能有两个：第一，含义不清或施为用意不清而导致的模糊话语需要结合交际双方共同构建的语境条件才能实施，需要的语用加工努力程度比较高，因此其本身在各种话语中出现的频率不高；第二，含义不清或施为用意不清的模糊话语一般在对话中才会使用，需要双方共同付出较多的语用努力才能顺利传达和理解，这种模糊方式不是十分适合在电视直销广告这样的话语中高频率使用，因此其出现的频率比较低。我们结合电视直销广告中这类模糊话语的例子来考察它的用意与作用。例如：

（7）它！/让韩国人告别白发！/……它！/成为日本每个家庭的必备用品！/

例（7）中，电视直销广告商只声称自己的产品受韩国人和日本人的欢迎，但其意图却没有明说，消费者在听到这样的宣传和介绍后，会潜移默化地受到影响，认为该产品受到韩国人和日本人的信赖和认可，从而对其产品更加信任，进一步增强购买欲望。

6.2.2.2　语言松散性使用

电视直销广告中模糊话语形成的第三大原因是语境因素等导致的语言松散性使用，占到总数的10.27%。这主要是因为电视直销广告为了突出产品的快速有效性，常常倾向于使用"精确"语言来表达模糊概念。例如：

（8）只要<u>一秒钟</u>就见效。

该话语强调产品的使用之方便，或者见效之快。事实上，该产品是不可能正好用一秒钟时间就能使皮肤变白的。又如：

（9）每次出门只要<u>梳一下</u>，／头发立刻变黑……／

广告商似乎说只要用梳子梳一下头发就能变黑，但实际上是不可能有这样的效果的。消费者其实也是知道这一点的。但是，这样的模糊话语却很容易用其看似客观明确的语言表达轻而易举地吸引观众的注意力，赢得观众的信任，因此受到电视广告商的青睐。也就是说，电视直销广告中运用的许多精确数量词都具有模糊性质，构成了精确数字松散性使用而形成的模糊话语。

以上我们统计了非法电视直销广告中模糊话语的使用程度，统计了各种成因的模糊话语在所有情形的模糊话语中出现和使用的频数及频率情况，并结合前人研究及电视直销广告中的具体例子对相关数据进行了阐释，为后文对模糊话语的理解机制及其社会心理因素的探讨作了一定铺垫。同时，我们可以看出，模糊话语的成因与欺诈嫌疑之间存在一定的相关性，具体来说，边界不清的模糊话语可能是广告商用来实施欺诈最为常见的手段。

下面我们将考察电视直销广告中模糊话语在话语内容中涉及哪些方面，并进行分类统计，以考察可能存在的相关规律，给予分析与解释。

6.3　模糊话语涉及的内容类别和使用频数及频率分布情况

本部分考察模糊话语内容涉及的产品内容分布情况，并结合以往相关文献及电视直销广告中的相关例子，对数据情况进行分析和阐释，为后面章节的分析作铺垫。

根据第 4 章研究设计中描述的分类方法，笔者将电视直销广告中的模糊话语按照其涉及的内容进行了标注和统计，统计后的频数及频率结果如表6-3所示：

表6-3　模糊话语涉及的内容分布情况

广告维度		模糊话语使用频数及频率	合计
产品说明 X	X1 价格方面	26（4.94%）	457（86.88%）
	X2 质量方面	67（12.74%）	
	X3 作用、效果或功能方面	339（64.45%）	
	X4 销售方面	25（4.75%）	
言据 Y	Y 相关信息的佐证机构或人物	26（4.94%）	26（4.94%）
指称对象 Z	Z 特定信息的指涉对象	11（2.09%）	11（2.09%）
其他 Q	Q 消费者自我情况描述及其他	32（6.08%）	32（6.08%）
合计		526（100%）	526（100%）

　　根据以上数据统计结果，从模糊话语涉及的四个方面来看，涉及产品说明的模糊话语数量最多，共457处，占到总数的86.88%。这在预料之中，因为既然是对产品的推销，大部分内容还是围绕产品说明来进行的。相比之下，其他三个方面的模糊话语频数和所占比例都相对较少。其中涉及言据的有26处，占到总数的4.94%；涉及指称对象的有11处，占到总数的2.09%；涉及其他的有32处，占到总数的6.08%。经过 SPSS19.0 非参数卡方检验，我们发现这四个方面的模糊话语存在显著性差异（$\chi^2 = 1434.74$，$p = 0.000 < 0.001$），结合具体数值和比例来看，产品说明使用的模糊话语数量最多。

　　从产品说明的细分层面来看，涉及产品作用、效果或功能方面最多，共339处，占到总数的64.45%，由此看来，电视直销广告在推销产品时，会在产品的效果和功能方面浓墨重彩地进行渲染，使用比例较高的模糊话语。其次是产品的质量方面，共67处，占总数的12.74%。再次是产品的价格方面和销售方面，均占到总数的近5%，这两个方面的模糊话语数量相对较少、频率较低，这可能是由于这两部分的内容在整个电视直销广告中所占比例较低。经过 SPSS19.0 非参数卡方检验，我们发现这四个方面的模糊话语存在显著性差异（$\chi^2 = 799.40$，$p = 0.000 < 0.001$），也就是说，产品说明中的作用、效果或功能方面使用的模糊话语数量最多。从这个统计结果我们可以知道，非法电视直销广告商在宣传自己产品的时候，往往倾向于在产品作用、效果或功能方面使用最多的模糊话语，也就是说，他们会使用大量的模糊话语来迷惑消费者，让消费者在不知不觉中对该产品的作用、效果或功能产生极大的信赖感，从而促使其实施消费行为。当然，这个频率也可能跟电视直销广告会对产品的功效进行大篇幅介绍有关。下面我们结合电视直销广告中的具体例子，分别从模糊话语内容涉及的四个方面来考察和分析模糊话语的分布情况。

6.3.1　产品说明

以上统计数据表明，模糊话语内容涉及产品说明的数量最多，其在总的模糊话语中所占比例也最大。下面我们结合各个细分的内容层面的例子进行考察和分析，具体包括产品的价格方面，质量方面，作用、效果或功能方面，销售方面。

6.3.1.1　价格方面

电视直销广告中模糊话语涉及的内容有产品的价格方面，这个判断依据主要是上下文，看看这个模糊话语具体所指的内容是否与价格有关系。由统计结果我们看到，产品的价格方面所使用的模糊话语占到总数的近5%。这个比例相对其他方面比较低，因为一般情况下，价格是消费者非常关注的一个方面，如果模糊不清，消费者就会犹豫不决而不会轻易下手去购买该产品。电视直销广告商一般是了解消费者的这种心理的，因此要想在价格方面使用模糊语言，就需要利用巧妙高明的手法，合情合理地模糊，才可以被消费者接受。这可能也是价格方面的模糊话语使用频率相对较低的原因之一。我们看以下这些例子：

（10）每次黑发只需要<u>几块钱</u>，／真诚希望您来电咨询！／

这个话语中使用的"几块钱"属于模糊语言，下文虽然没有直接提到"价格"二字，却间接地暗示消费者使用该产品每次花费非常少，因此我们把它涉及的内容归为价格方面。"几块钱"又没有明确讲明到底是几块，因为"两块钱""三块钱"可以称为"几块钱","八块钱""九块钱"甚至是"十几块钱"也可以称为"几块钱",表示价钱很便宜,然而"两块钱"跟"九块钱"之间却存在较大的差距。因此,这里广告商使用了模糊语言,产生了模糊话语,目的是让消费者觉得该产品价格实惠。

6.3.1.2 质量方面

产品的质量方面所使用的模糊话语比例在所有方面位居第二位,共67处,占总数的12.74%。笔者认为,消费者在选购商品时,首先关注的是价格方面,希望买到价格优惠的产品;同时又不希望该产品的质量太差,因此在了解了产品价格之后,自然会对产品的质量特别关注,以期购买到物美价廉的商品。电视直销广告商了解消费者的这种心理,当然会强调产品质量的优越性和可靠性,因此在这方面花的篇幅相对较多,涉及的模糊话语频率自然也相对较高。试看以下例子:

(11) 黑姿永久黑拥有纯度99.8%的亚马逊黑姿素,/再加上首乌、黑芝麻等17味名贵中草药精华……/

例(11)中,对消费者来说,"黑姿素"是一个陌生的名词,上下文并未对之进行解释,因此它是一个模糊话语;"等"和"名贵中草药"到底是哪些种类的中草药,上下文也没有详细列出,这属于模糊话语的使用。这里广告商虽然没有直接提到"质量"二字,但我们可以由"纯度""亚马逊""名贵中草药"等语言的使用,得知广告商在此使用模糊话语的目的其实就是表明其产品采用的原料纯度很高,质量也很好,安全性也高。再看下面的例子:

(12) 全自动魔发梳免费送的……/而且天然、安全,/真的很不错!/

例(12)中的"天然""安全""很不错"都是模糊语言,用在这里形成了模糊话语,我们根据这些词汇可以看出,广告商在此描述的还是该产品的质量可靠,使用安全。再看下面的例子:

(13) 任仲传风痛康膜……/荣获5项国家专利、12项大奖,/26个国

家与地区学术认证。∕

例（13）中，"国家专利""大奖""国家与地区"并没有具体说明是哪些专利、哪些类型的奖项、哪些国家与地区的学术认证等详细信息，属于模糊语言的使用而导致的模糊话语。之所以采用这些模糊话语，是为了表明该产品得到诸多权威的认证和奖项，从侧面来证明该产品质量之可靠。

6.3.1.3　作用、效果或功能方面

在考察语料的过程中，我们发现，有些模糊话语涉及产品的使用效果方面，有些涉及功能方面，但是两者界限不明，不太容易区分清楚，因为既然有怎样的功能，就能达到怎样的效果，两者往往是紧密联系在一起的，因此我们将这两个方面放在一起。凡是模糊话语的内容涉及效果或功能方面，都可归为此类。从统计数据来看，涉及产品作用、效果或功能方面的模糊话语在电视直销广告所有模糊话语中使用最多，共 339 处，占到总数的 64.45%，这表明电视直销广告商在推销产品时，尤其注重对这方面的宣传和描述，从而让消费者对产品充满信任。我们看以下这个例子：

（14）法国芬滋巢补巢型，∕适合 40 岁以上女性服用，∕润肠通便，∕改善睡眠，∕推迟女性更年期，∕不烦不躁，∕心情舒畅，∕延缓衰老。∕

例（14）中使用了"改善""推迟""不烦不躁""舒畅""延缓"等模糊语言，形成了模糊话语。广告商的意图是想让消费者认为，使用或服用了该产品后，身体上可以发生各种良好的变化，产生各种功效，因此这些模糊话语主要是描述该产品的作用和功能。

（15）纯果肤立白！∕脱毛，∕美白，∕双重效果。∕

例（15）涉及两个模糊话语，一个是"立白"，另一个是"美白"，这两个词的概念意义都没有明确的界限，属于边界不清的语言，用在这里形成了模糊话语。后面，广告商又提到"双重效果"，说明这两个模糊话语的内容都涉及产品的效果方面。再看以下这个例子：

（16）美白收缩液，/瞬间收缩毛孔，/越用越白。/

例（16）中的"瞬间"和"白"两个词也属于边界不清的语言，用在这里形成了模糊话语。这里虽然没有明确提到"效果"或"功能"两个词汇，但是从"收缩毛孔""越用越白"等语言可以判定，这两个模糊话语还是在对该产品的效果和功能进行描述。再如：

（17）中国膏药，/相传 5 000 年，/可你见过液体膏药吗？/它的超强渗透和生物膜技术曾两次申报诺贝尔医学奖。/这种液体膏药的发明人就是名医任仲传，/因其治疗风湿骨病的独特疗效，/被百姓称为任仲传风痛圣贴。/

例（17）中的"超强"和"独特"都属于边界不清的语言，用在这里产生了模糊话语。根据上下文提到的"渗透技术"和"疗效"，我们可以看出，这里还是描述该产品的效果或功能。

同时，笔者在语料中还发现，有些模糊话语涉及产品使用的简单性、方便性、简洁性、快速性等特征，但是这些描述往往也跟产品的效果联系在一起。看以下例子：

（18）每次出门只要梳一下，/头发立刻变黑，/要多方便有多方便！/

例（18）中的"一下"属于语境因素等导致的模糊话语中因松散性使用而产生的模糊话语，因为不可能真的只梳"一下"就可以实现那样的效果，用在这里表示产品使用起来非常方便和省时。"立刻""方便"这两个边界不清词汇的使用也是为了表明产品使用的便捷性，话语中所提到的使头发"变黑"，是与效果挂钩的，因此我们将这类模糊话语也归在作用、效果或功能的类别之下。

再看以下这个例子，也是将产品使用的方便快捷性与效果的描述放在一起：

（19）当时给你抹上形成一层薄膜……/到十五分钟，/使人的疼痛马

上就止住了。/疗效既**突出**又**方便**，/为我们中国人在世界上又迎来了一分骄傲。/

例（19）中"薄膜""马上""突出""方便"等语言的使用形成了模糊话语，其将快速、便捷与疗效结合在一起描述，因此是属于产品作用、效果和功能方面的模糊话语。电视直销广告商在商品的作用、效果和功能方面使用了大量的模糊话语，可能是因为他们了解消费者对这些方面尤其关注。一般情况下，消费者在决定是否购买一样产品时，除了关注价格之外，尤其注重该产品的实用性，以及是否能达到期望的效果等。电视直销广告商了解消费者的关注点，因此在这方面浓墨重彩地进行介绍和宣传，然而宣传的过程中因为考虑到产品的真实效果和作用（可能比较有限）及公众话语的相关法律责任等多方因素的制约，"别出心裁"地使用了大量的模糊话语来进行表达，这样一方面可以在不经意间达到很好的宣传效果，另一方面又可以使自己在面对可能产生的经济纠纷面前立于不败之地，真可谓"一举两得""一箭双雕"。

6.3.1.4　销售方面

统计数据显示，涉及产品销售方面的模糊话语共 25 处，占到总数的 4.75%。这个比例在所有的模糊话语中也是相对较低的，其原因可能是销售方面的宣传在整个产品宣传中只是一个附带的部分，因此涉及的模糊话语数量也相对较少。看以下例子：

（20）它！/让**韩国人**告别白发！/即使是 79、80 岁的老人，/也是<u>满头乌黑秀发</u>。/它！/成为日本每个家庭的必备用品！/日本人从不外出染发，/用的是韩国人的<u>最新科技</u>，/克服传统染发<u>所有</u>缺点，/这就是黑姿全自动魔发梳！/

例（20）中的"韩国人"到底是指所有韩国人，还是指一部分韩国人，没有说清楚，是一种因歧义性语言的使用而产生的模糊话语。此外，"满头""乌黑""最新""科技""所有"等边界不清词汇的使用也形成了模糊话语。"让韩国人告别白发""成为日本每个家庭的必备用品"等，都是在表明该产品的畅销性，以及涉及的用户群体。这里使用含义不清的模糊话语的作用主要是让广告受众形成一种印象，认为韩国、日本每家每户都在使用该产品，从而激发观众的购买欲望。

6.3.2 言 据

模糊话语的内容涉及介绍产品的言据方面，通常是采用一些权威机构或权威证书等来证明产品的质量、销售等。模糊话语涉及言据方面的有 26 处，占到总数的 4.94％。这个比例相对较低，可能与这方面的内容在整个话语中占有的比例比较低有关。我们看一个例子：

（21）我们拥有全国权威报告，／保证不含苯、铅等化学成分，／您完全可以放心使用。／

例（21）中的"权威报告"是借助权威机构来证明产品的可靠性。其中，"权威"并未具体说明到底是何单位出具的什么类型的报告，属于使用模糊语言而形成的模糊话语。一般消费者也不会追究到底是什么权威、何种报告，但是潜意识中却受到权威效应的影响，对该产品产生信任感。

6.3.3 指称对象

指称对象模糊主要是指表达的指代对象或数词限制的对象模糊。内容涉及指称对象方面的模糊话语共有 11 处，占到总数的 2.09％，比例相对较低，可能是因为这部分的内容所占的比例在话语中也相对较低。看以下例子：

（22）活动期间购买永久黑精华液还能再享受买一送一的优惠。／每次黑发只需要几块钱，／真诚希望您来电咨询！／

例（22）中第二个"一"指代的到底是什么，没有明确说清楚，属于使用了歧义性语言结构而形成的模糊话语，内容涉及指称对象方面。

6.3.4 其 他

其他方面指不包含以上三个方面的其他内容，比如消费者描述自己用药前的情况，或者是使用该产品之前的情况等。经统计，其他方面的模糊话语共 32 处，占到总数的 6.08%。看这样一个例子：

（23）我以前这个腿啊，肿得不像样子，没日没夜地疼，疼得受不了。

例（23）中的"肿得不像样子""没日没夜地疼""疼得受不了"等模糊话语用来描述患者在使用任仲传风痛康膜之前的一些病状。这些与以上三个方面不相关的内容在这几段电视直销视频中还占到一定的比例。有些电视直销广告商会请一些"消费者"来描述他们用药前或使用某产品前的一些身体状况，有时主持人也会说到一些题外话，与产品说明或指称对象等都无直接联系。这部分内容在总的话语中也占到一定比例，其中使用到模糊话语的频率也相对较高。至于这部分模糊话语与欺诈之间的关系如何，我们将在下一章的受众调查中进行分析。

以上我们统计了四个方面的模糊话语的分布情况，并举例进行详细阐述，也阐释了相关原因，为下一章的分析作了铺垫。限于篇幅，我们在此不再对各个方面所使用的模糊话语的类型进行统计。

6.4　小　结

本章我们考察了非法电视直销广告中模糊话语的使用情况，统计了不同成因的模糊话语各自的频数与频率分布情况，探讨了这些模糊话语所涉及的方面，并举例进行分析和阐释。本章有几点发现和价值，总结如下：

（1）本章针对电视直销视频转写语料的独特性，创造性地采用了以小句为单位的方式对模糊话语的使用频率进行考察，为今后类似的研究提供了一个参考。统计结果显示，在非法电视直销广告中，小句的使用比例平均达到 55.25%。也就是说，每两个小句中至少使用一个模糊话语。由此可见，模糊话语在电视直销广告中的使用频率还是相当高的，这个研究结果为后面分析模糊与欺诈的关系作了很好的铺垫。

（2）本章统计了各种不同成因的模糊话语在 6 段非法电视直销视频中的频数和频率分布情况，发现频率最高的是边界不清的模糊话语，占到总数的近70%，而近似性和不确定性的模糊话语在这 6 段非法电视直销广告中没有使用。这说明电视直销广告非常倾向于使用边界不清的模糊话语，这可能是因为这种类型的模糊话语使用比较普遍，具有隐秘性，受众对其接受度也相对较高。此外，电视直销视频中避免使用不确定性模糊话语和近似性模糊话语，其目的是不想让人觉得广告商对自己的产品情况不清楚，或者对效果、质量等方面的描述有含糊的印象。这个发现有助于提醒受众注意模糊话语，提高警惕。

（3）本章还考察了模糊话语涉及的内容方面，发现涉及产品说明方面的模糊话语频率最高，其中产品说明内容细分层面中又数产品作用、效果或功能方面的模糊话语频率最高。这个研究结果有助于提醒受众尤其关注这些方面的模糊话语，提高警惕，以防上当。需要说明的是，本章在分析的过程中并未涉及模糊话语与欺诈的内在工作机制，我们将在第 7 章中结合受众访谈和相关社会心理来挖掘模糊话语欺诈的工作机制。

电视直销广告中模糊话语与欺诈的关系：个案视频研究

第6章主要从研究者的角度对统计的数据进行了分析和解读，本章将在前面分析的基础上，采取受众调查的方法来考察电视直销广告中模糊话语与欺诈之间的关系。首先考察电视直销广告个案里所有被指认具有欺诈性的话语中模糊话语所占的比例情况，其次考察相关模糊话语在个案视频所有模糊话语当中所占的比例情况，最后着重从模糊话语成因及其涉及的内容两方面考察模糊话语与欺诈的内在关联。

7.1 非法电视直销广告中的欺诈性模糊话语与非欺诈性模糊话语

是不是所有的模糊话语都一定会导致欺诈呢？这个问题显然不能简单地回答。笔者认为，模糊话语是否导致欺诈要联系其使用的语境，可以从模糊话语的受众角度来考察，同时结合实际的使用效果来加以讨论和鉴定。基于这样的考虑，笔者将采用受众调查的方法对这一问题进行考察。

7.1.1 欺诈性模糊话语与非欺诈性模糊话语的分布情况

根据第5章方法论中提及的方法，笔者将受众调查问卷进行归整、分类并统计，得到"黑姿魔发梳 + 永久黑"电视直销视频中受众指认出的欺诈性模糊话语总数；然后再根据相关概念的界定区分出欺诈性模糊话语与非欺诈性模糊话语两种话语策略，得出欺诈性模糊话语的频数及频率。在附带考察非欺诈性模糊话语策略后，笔者将重点分析欺诈性模糊话语策略。

需要说明的是，本书的统计结果分为两组：一组是不剔除重复指认的绝对频数及频率，统计结果如表7-1所示；另一组是剔除重复指认的相对频数及频率，统计结果如表7-2所示。

表 7-1　受众指认的非欺诈性模糊话语与欺诈性模糊话语的绝对频数及频率

涉嫌欺诈策略类别	非欺诈性模糊话语	欺诈性模糊话语	合计
频数	131	511	642
频率	20.40%	79.60%	100%

在表 7-1 中，我们可以看到，受众指认的涉嫌欺诈的模糊话语共 642 处，其中非欺诈性模糊话语有 131 处，占 20.40%；欺诈性模糊话语共有 511 处，占 79.60%。也就是说，在非法电视直销广告中，受众指认的涉嫌欺诈的模糊话语占总数的 70% 以上，接近 80%。经非参数卡方检验，两者所占比例存在显著性差异（$\chi^2 = 224.922$，$p = 0.000 < 0.01$）。由此可以看出，模糊话语在非法电视直销广告中起到不可忽视的重要作用，值得我们进一步深入探讨，如模糊话语形成的原因有哪些，各自比例分布情况如何，为什么它们存在欺诈或误导功能，不同成因的模糊话语在欺诈程度上有何不同，其内在原因又是什么。对于这些问题，笔者将在后面章节中进行详细探讨。

另外，笔者通过剔除重复指认的欺诈性模糊话语的方法，得到"黑姿魔发梳＋永久黑"直销视频中涉嫌欺诈的模糊话语的相对频数及频率，考察欺诈性模糊话语与非欺诈性模糊话语之间的分布比例，结果如表 7-2 所示：

表 7-2　受众指认的非欺诈性模糊话语与欺诈性模糊话语的相对频数及频率

涉嫌欺诈策略类别	非欺诈性模糊话语	欺诈性模糊话语	合计
频数	21	72	93
频率	22.58%	77.42%	100%

受众调查数据显示，这段魔发梳直销视频中模糊话语总数共有 93 个，其中非欺诈性模糊话语共 21 处，占 22.58%；欺诈性模糊话语共 72 处，占 77.42%。由此可见，欺诈性模糊话语在总的模糊话语中所占比例还是相当高的。经非参数卡方检验，我们发现这两种话语的使用情况存在显著性差异（$\chi^2 = 27.968$，$p = 0.000 < 0.001$）。也就是说，欺诈性模糊话语在

所有类型的模糊话语中占据着主要的部分，值得我们进一步深入探讨。

在重点探讨欺诈性模糊话语策略之前，我们不妨考察一下非欺诈性模糊话语策略的类别，并分析各种非欺诈性模糊话语策略是通过何种话语方式来实现的。

7.1.1.1 夸张策略

在调查问卷中，笔者发现，受众在对涉嫌欺诈的模糊话语的简短评价中，使用了"夸张""太夸张了""太绝对了""与现实相差太大，离谱"等评价语。如第4章研究设计中所指出的那样，虽然这些被标注的话语中也包含了模糊话语，但是受众的解释侧重点并未放在信息不明确方面，而是侧重于信息的"夸张"方面，因此笔者只考虑话语中的夸张成分，将这类话语策略归在非欺诈性模糊话语之列，而不涉及欺诈性模糊话语的分析。仔细分析后，笔者发现，这些话语策略之所以被认为具有欺诈和误导性，主要有三个原因：一是使用了夸张性语言；二是使用了配套的多模态手段，如夸张性语音、语调等；三是其中陈述的话语内容与现实相差太大，或明显不符合逻辑。例如：

（1）克服传统染发所有缺点。（太绝对了）

（2）成为日本每个家庭的必备用品！（夸张）

这两个例子都采用了比较绝对的语言，如克服"所有"缺点，"所有"这个词用得太绝对，因为实际情况大家都清楚，没有哪一种产品是十全十美的，必然会存在一定的缺点，那么，这种产品也不可能真正地克服所有缺点。这样的说法显然采用了夸张性语言，夸大了该产品的性能，给产品塑造一种完美无缺的形象，从而让消费者上当受骗。

还有一些话语采用了夸张的多模态语音、语调，如以下例子是受众标注的涉嫌欺诈或误导的话语，括号里面是他们给出的评价。

（3）哦！原来是搞活动啊！/这样的好事都让我碰上了！/赶紧给我订一套吧！/（观众打电话的声音和语气都比较做作，明显有作假成分）

（4）你们的电话可真难打呀！（语气表演痕迹太重）

视频中的消费者打电话时故意采用夸张和充满热情的语音、语调来讲话，是为了使电视机前的观众也同样受到感染，认为这个产品的促销活动是一件"难得遇见的好事"，从而产生心动的感觉，实施购买行为。根据受众给出的依据，笔者将其认定为多模态夸张策略。再看下面这个例子：

（5）**女（现在接听消费者电话）：**

——喂！

——这个魔发梳我在韩剧、日剧里面都看见过，/真的免费送吗？/

——是的！/

——我听在日本的朋友说啊！/这个魔发梳的价格在日本不便宜。/

——您说得对！/魔发梳在韩国官方网站的报价是 6.6 万韩元，/日本商场里的售价是 6 600 日元，/折合人民币是 400 元。/

——哦！这么贵的东西你们真的是免费送吗？/

——是的！/这个产品刚进入中国市场，/为了使白发患者使用后有更好的产品反馈才有这样的赠送活动。/

——哦！原来是搞活动啊！/这样的好事都让我碰上了！/赶紧给我订一套吧！/（电话只讨论梳子的问题，无任何产品细节的描述和咨询，就直接订购，太假！）

这个例子也是受众指出的有欺诈性或误导性的话语，而且受众给出的评价是，视频中的消费者打电话咨询没有涉及正常消费者所关心的产品细节问题如价格、性能等，就直接表示要订购，这显然不符合正常逻辑，因此有欺诈嫌疑。还有以下例子：

（6）梳一下，/一生没有白发！（太夸张）

对这个话语，受众给出的评价也是"太夸张"，因为随着年龄的增长，头发变白是一个自然的生理过程，任何人都无法避免，无论哪一种黑发技术都不可能违背这一自然规律。有些消费者看到销售的火爆景象，受其感染，进而产生消费行为。

以上话语都是从问卷中节选的被受众认定为欺诈话语的说法，括号内是受众给出的判断理由，认为这些话语具有夸大事实的嫌疑，因此笔者将它们认定为夸张的欺诈性策略或手段。

7.1.1.2 障眼法策略

在受众指出的涉嫌欺诈或误导的话语当中，笔者还发现其中一部分使用了障眼法策略，即明明是主要推销 A 产品，却偏偏花了大量口舌来推销 B 产品，而大肆渲染的 B 产品往往是免费或价格很便宜的，而对重点产品 A 却一带而过，让人认为是占了 B 产品的一个大便宜之后，再花一点小钱顺带购买 A 产品，而事实上广告商真正赚钱的来源恰恰是这个"附带"的 A 产品。这种隐性、声东击西、避重就轻的销售策略使得消费者毫无防备地受到欺诈和误导，从而蒙受了经济损失，而自己却还以为占了大便宜。笔者将这种销售策略归纳为障眼法策略。我们来看以下例子，考察受众标出的话语及阐述的理由：

（7）女消费者：我收到了，/魔发梳真的不要钱……/（只强调不要钱的，咋不关注"买"呢，是要花钱的）

（8）折合人民币 400 元的黑姿魔发梳不花钱免费送！/活动期间购买永久黑精华液还能再享受买一送一的优惠。/（免费的梳子，要用的话还得买精华液）

（9）用了不到两个疗程，/头发根长出了黑头发，/现在全都是自然长出的黑头发，/多好看，/多有精神！/（这个是药的概念，而不是梳的概念，放大了梳的能效）

以上几个例子都是受众标出来的例子，共同的特点是括号内阐述的理由都涉及赠送产品与需要购买的产品之间的关系。这说明部分受众已经识别出了电视直销广告商所采用的这种声东击西的销售策略。然而，那些识别能力不够强的消费者可能面临很大的风险，因为他们只看到自己可以免费得到一个貌似很神奇的梳子，获得了实惠，却忽视了其中隐性推销的另一个产品的价格可能远远超出梳子的价格，结果冲动之下，蒙受了不必要的经济损失。

7.1.1.3 损人利己策略

有些话语内容涉及贬低其他同类产品的质量、性能等方面，作为自己的陪衬，然后突出自己的产品如何优越。不妨看以下例子以及受众给出的涉嫌欺诈的理由：

（10）传统染发只是表面涂涂抹抹，／无法从根本上解决白发问题。／（贬低他人，抬高自己）

该例子否定了其他同类产品的功效，旨在突出自己产品的优越性。若是有些消费者饱受各种产品的副作用的烦恼，看到这样的说法之后，则会觉得这个产品可以解决之前的诸多烦恼，正是自己想要的理想产品，因此容易产生尝试购买的想法。

7.1.1.4　借用多重言据资源策略

还有受众指出了电视直销视频中打电话咨询的"消费者"的身份可疑，因为信息不对称的原因，电视机前的观众无法确定打电话订购的消费者是否属实，还是故意找的"托儿"。事实上，这是电视直销广告视频中经常使用的多重言据资源策略中的一种。所谓言据资源就是用以传达信息的有效来源（Aikhenvald，2004）。有的电视直销广告借用权威专家的身份，通过"专家们"接受采访的方式突出该产品的性能优越、质量可靠。有的则会出现多名"消费者"，这些"消费者"打电话咨询时的表情和语气都比较夸张，然后立即订购产品，用完产品后跟电视机前的观众分享"美好体验"，从而让人产生趋同心理和跃跃欲试的心理，导致冲动消费。除此以外，电视直销广告商还会采用一些权威机构和单位的鉴定报告或所颁发的奖项等来证明该产品的质量可靠、优越。这些多重言据资源都是电视直销商经常采用的手段。

7.1.1.5　其他策略

除了以上几个比较突出的欺诈策略之外，笔者还发现其他策略，如语码转换、杜撰新词等。比如，有受众标注了以下话语，并作出相关评价：

（11）黑姿素因子立即进入头发内部，／同时营养素还能深入发根毛囊，／恢复黑发的头皮营养源毛乳头……／（黑姿素因子是何物？存在编造名词的嫌疑，创造科技含量很高的效果）

这也是电视直销广告中常用的销售策略，通常对产品名称或者产品的成分采用一些闻所未闻的新词来描述，或者采用一般观众都不懂的外文（如英语、法语、韩语、日语等）来创造一种新奇效果，给人一种神秘感，这也是推销产品的一种策略和手段。

当然，除了以上策略之外，视频中还存在其他欺诈话语，如有受众标出以下例子：

（12）它！/让韩国人告别白发！/即使是79、80岁的老人，/也是满头乌黑秀发。/它！/成为日本每个家庭的必备用品！/日本人从不外出染发，/用的是韩国人的最新科技，/克服传统染发所有缺点，/这就是黑姿全自动魔发梳！/（日本人从不外出染发，用的是韩国的最新科技，这个也太"黑线"了吧。日本人用韩国的高科技，就如同中国人用越南的高科技一样可笑）

（13）日本人从不外出染发，/用的是韩国人的最新科技……/（日本人用韩国人的高科技？）

从括号中受众所给的阐述我们知道，他们认为日本人的科技比较发达，不可能用韩国人的高科技，这是一种常识性的问题，不太符合现实逻辑。当然，这种常识对知识面比较广的人来说比较容易辨别，而对于知识面比较窄的观众就不一定那么容易被识别了。换个角度来看，这也说明电视直销广告中很多内容制作其实还比较粗糙，总体水平不是很高，消费者对象群体的文化水平估计也不是很高，因此电视直销广告商很轻易地就能达到欺诈目的，从中获取利润。

以上我们从受众视角考察了电视直销广告个案中的欺诈性模糊话语与非欺诈性模糊话语的分布情况，并考察和分析了非欺诈性模糊话语的话语策略类型。从以上分析我们可以看到，非欺诈性模糊话语策略其实也是趋向于达到一种模糊的欺诈效果，给消费者造成一些模糊印象，其最终目的是诱导消费者上当。当然，由于此部分不是本书的考察重点，笔者对此将不再赘述。下面笔者将重点考察分析欺诈性模糊话语在电视直销广告中的分布情况，以揭示模糊话语与欺诈嫌疑之间究竟存在什么样的关系。

7.1.2　涉嫌欺诈的模糊话语的比例

下面笔者将按第 5 章研究设计中的统计方法统计出个案语篇中的模糊话语总数，再看看受众认为涉嫌欺诈的模糊话语在该个案语篇的模糊话语中的频数及频率。

表 7 - 3　不涉嫌欺诈与涉嫌欺诈的模糊话语的频数及频率

模糊话语类别	不涉嫌欺诈的模糊话语	涉嫌欺诈的模糊话语	模糊话语总量
频数	14	72	86
频率	16.28%	83.72%	100%

统计数据显示，这段涉嫌欺诈的个案视频中，模糊话语共有 86 处，其中由受众指认的涉嫌欺诈的模糊话语共 72 处，占总数的 83.72%；不涉嫌欺诈的模糊话语则有 14 处，占总数的 16.28%。经非参数卡方检验，两者存在显著性差异（$\chi^2 = 39.116$，$p = 0.000 < 0.01$）。结果表明，欺诈性模糊话语在这段个案直销视频中占到大部分。当然，我们也可以有这样的发现：虽然非法电视直销广告中包含的欺诈性模糊话语的比例较高，占到 80% 以上，但是并非所有的模糊话语都涉嫌欺诈。这一结果显然与以往直接由研究者主观地将模糊话语与欺诈之间画等号的做法（吴亚欣，2002；赵凤兰，2008；邹俊飞，2010；陈新仁、陈娟，2012 等）带来的预测有所差异。这表明广告中的模糊话语跟欺诈并非存在着一一对应的关系，也就是说并非所有的模糊话语都具有欺诈效果，而是可能存在其他的相关原因，还需要从其他角度加以深究。

下面笔者将从涉嫌欺诈的模糊话语成因和涉及内容角度来具体考察和分析模糊话语与欺诈嫌疑之间的内在联系。

7.2　模糊话语成因与欺诈嫌疑之间的关系

根据第 5 章研究设计中的方法，笔者将所有涉嫌欺诈的模糊话语集合在一起，按照形成原因进行分类，然后再分别统计各自出现的频数，计算其频率，同时以模糊话语总量为参照，与不涉嫌欺诈的模糊话语进行比较，得到如表7-4所显示的数据。

表7-4 不同成因的欺诈性模糊话语与非欺诈性模糊话语的分布

模糊话语成因	涉嫌欺诈的频数及频率	不涉嫌欺诈的频数及频率	合计
A 边界不清	39（45.35%）/（84.78%）	7（8.14%）/（15.22%）	46（53.49%）/（100%）
B 歧义性	8（9.30%）/（100%）	0（0）/（0）	8（9.30%）/（100%）
C 含糊不清	14（16.28%）/（82.35%）	3（3.49%）/（17.65%）	17（19.77%）/（100%）
D 近似性	0（0）	0（0）	0（0）
E 不确定性	0（0）	0（0）	0（0）
F 含义不清或施为用意不清	2（2.33%）/（100%）	0（0）/（0）	2（2.33%）/（100%）
G 松散性使用	9（10.47%）/（69.23%）	4（4.65%）/（30.77%）	13（15.12%）/（100%）
合计	72（83.72%）	14（16.28%）	86（100%）

这段非法电视直销视频中，46处模糊话语是由边界不清的语言使用而导致的，占总数的53.49%；其次是含糊不清语言的使用，共17处，占总数的19.77%；接下来是松散性使用导致的模糊话语，共13处，占总数的15.12%；含义不清或施为用意不清的模糊话语共2处，比较少见，占总数的2.33%；近似性和不确定性语言导致的模糊话语没有出现，相关原因笔者已经在前文中有所交代，在此不再赘述。

结合各种成因的模糊话语在话语中出现的总频数，我们可以看到：个案视频中共使用边界不清模糊话语46次，占总数的53.49%，而其中涉及欺诈的边界不清模糊话语就有39次，占总数的45.35%，占边界不清模糊话语总数的84.78%，经非参数卡方检验，欺诈性边界不清模糊话语与非

104

欺诈性边界不清模糊话语之间存在显著性差异（$\chi^2 = 41.78$，$p = 0.000 < 0.01$）。由此我们可以得出结论：该个案电视直销广告中的边界不清模糊话语大多数是具有欺诈性的，电视直销广告商使用这种成因的模糊话语大多数是存在欺诈目的和意图的。

涉嫌欺诈的含糊不清模糊话语使用频次共 14 次，在该个案视频中所有含糊不清模糊话语中占 82.35%；不涉嫌欺诈的含糊不清模糊话语共出现 3 次，占含糊不清模糊话语总数的 17.65%。卡方检验结果显示，两者存在显著性差异（$\chi^2 = 8.5$，$p = 0.002 < 0.01$）。也就是说，含糊不清模糊话语大部分是具有欺诈嫌疑的，只有一小部分不具有欺诈目的。如表 7 - 4 所示，松散性模糊话语的使用情况与这两种类型的模糊话语类似，涉嫌欺诈的松散性模糊话语出现频次占该种类总数的 69.23%，具体情况不再赘述。我们再看一看剩下几种成因的模糊话语情况。近似性模糊话语和不确定性模糊话语因为没有出现，因此不在此处讨论范围之内。所有歧义性模糊话语和含义不清或施为用意不清模糊话语都被认为涉嫌欺诈，也就是说，使用这两种模糊话语的欺诈目的性较强。

总的来说，根据对不同成因的模糊话语的调查和分析，笔者发现，电视直销视频中的模糊话语虽然大多数是具有欺诈性倾向的，但是并非所有的模糊话语都存在欺诈性。同时，根据表 7 - 4，笔者发现，不同成因的模糊话语的欺诈程度也不一样，如涉嫌欺诈的边界不清模糊话语在所有模糊话语中占到 45.35%，这可能与直销视频中本身包含的这类模糊话语比例比较高有关。此外，歧义性与松散性模糊话语的出现频率分别为 9.30% 与 15.12%；含糊不清模糊话语所占比例稍高，达 19.77%；而含义不清或施为用意不清模糊话语则只占到总数的 2.33%。卡方检验结果显示，各种不同成因的欺诈性模糊话语之间存在显著性差异（$\chi^2 = 13.70$，$p = 0.000 < 0.01$）。也就是说，不同成因的模糊话语在欺诈的实施方面存在着差异性。这些差异性到底是什么原因导致的，暂时似乎还没有一个明确的解释。此外，那些不被受众认为具有欺诈性的模糊话语具有什么样的特征，暂时还没有办法得出比较明确的结论，笔者将在下一节中结合模糊话语涉及的话语内容情况来详细讨论，以期得出更有说服力的研究结果。

7.3 涉嫌欺诈的模糊话语与广告内容之间的关系

为了进一步考察电视直销视频广告中模糊话语与欺诈嫌疑的联系，笔者按照第5章研究设计中的方法，将调查的个案视频中涉嫌欺诈的模糊话语按照其涉及的内容方面来分类，看看其中有何规律。结果如表7-5所示：

表7-5 个案电视直销视频中模糊话语涉及的内容分布

模糊话语涉及的内容		欺诈性模糊话语频数及频率	小计	非欺诈性模糊话语频数及频率	小计	模糊话语总频数及频率	小计
产品说明X	X1 价格方面	4(4.65%)/(6.25%)/(100%)	59(68.60%)/(92.19%)	0(0)/(0)/(0)	5(5.81%)/(7.81%)	4(4.65%)/(6.25%)/(100%)	64(74.42%)/(100%)
	X2 质量方面	11(12.79%)/(17.19%)/(91.67%)		1(1.16%)/(1.56%)/(8.33%)		12(13.95%)/(18.75%)/(100%)	
	X3 作用、效果或功能方面	37(43.02%)/(57.81%)/(92.50%)		3(3.49%)/(4.69%)/(7.50%)		40(46.51%)/(62.50%)/(100%)	
	X4 销售方面	7(8.14%)/(10.93%)/(87.50%)		1(1.16%)/(1.56%)/(12.50%)		8(9.30%)/(12.50%)/(100%)	
言据Y	Y 相关信息的佐证机构或人物	6(6.98%)/(100%)	6(6.98%)/(100%)	0(0)/(0)	0(0)/(0)	6(6.98%)/(100%)	6(6.98%)/(100%)
指称对象Z	Z 特定信息的指涉对象	5(5.81%)/(100%)	5(5.81%)/(100%)	0(0)/(0)	0(0)/(0)	5(5.81%)/(100%)	5(5.81%)/(100%)

（续上表）

模糊话语涉及的内容		欺诈性模糊话语频数及频率	小计	非欺诈性模糊话语频数及频率	小计	模糊话语总频数及频率	小计
其他Q	Q消费者自我情况描述及其他	2(2.33%)/(18.18%)	2(2.33%)/(18.18%)	9(10.46%)/(81.82%)	9(10.46%)/(81.82%)	11(12.79%)/(100%)	11(12.79%)/(100%)
合计		72(83.72%)	72(83.72%)	14(16.28%)	14(16.28%)	86(100%)	86(100%)

　　我们首先看所有模糊话语在各个内容层面的分布情况，如表7－5所示，模糊话语主要还是集中出现在产品说明方面，共出现64次，占总数的74.42%；言据方面的模糊话语共出现6次，占总数的6.98%；指称对象方面的模糊话语共出现5次，占总数的5.81%；其他方面的模糊话语共出现11次，占总数的12.79%。

　　下面我们再考察每个内容层面的欺诈性模糊话语和非欺诈性模糊话语的分布情况。在产品说明方面，涉嫌欺诈的模糊话语占这方面模糊话语总数的92.19%。也就是说，在产品说明这部分内容中使用的模糊话语，涉嫌欺诈的比例达到90%以上。

　　此外，数据显示，言据方面和指称对象方面的欺诈性模糊话语在各个内容层面的模糊话语总数中占到100%，也就是说，这两个方面使用的模糊话语都具有欺诈嫌疑。值得注意的是，其他方面出现的模糊话语中被受众指认为具有欺诈嫌疑的仅有2次，仅占这个内容层面使用的模糊话语总数的18.18%；而非欺诈性模糊话语共9次，占总数的81.82%。其他方面所使用的模糊话语80%以上不涉嫌欺诈，这一结果与产品说明层面的情况刚好形成一个强烈的反差。也就是说，产品说明层面使用的模糊话语大部分都具有欺诈嫌疑，而其他方面使用的模糊话语很少具有欺诈嫌疑。

　　从产品说明的细分层面来看，价格方面使用的模糊话语涉嫌欺诈的比例达该细分层面的100%。也就是说，这个细分层面所使用到的模糊话语都具有欺诈嫌疑。涉及质量方面的欺诈性模糊话语占该细分层面总数的91.67%。销售方面出现的欺诈性模糊话语占该层面总数的87.50%。作用、效果或功能方面使用的涉嫌欺诈的模糊话语比例占这个细分层面的92.50%。

此外，为了单独考察欺诈性模糊话语在各个内容方面的分布情况，笔者将涉嫌欺诈的不同内容在总的欺诈性模糊话语中分布的频数及比例情况单独进行了计算，结果如表7-6所示：

表7-6　欺诈性模糊话语涉及的内容分布情况表

模糊话语涉及的内容		欺诈性模糊话语频数（占总的欺诈性模糊话语比例）	合计
产品说明 X	X1 价格方面	4（5.56%）	59（81.95%）
	X2 质量方面	11（15.28%）	
	X3 作用、效果或功能方面	37（51.39%）	
	X4 销售方面	7（9.72%）	
言据 Y	Y 相关信息的佐证机构或人物	6（8.33%）	6（8.33%）
指称对象 Z	Z 特定信息的指涉对象	5（6.94%）	5（6.94%）
其他 Q	Q 消费者自我情况描述及其他	2（2.78%）	2（2.78%）
合计		72（100%）	72（100%）

这段个案视频中涉嫌欺诈的模糊话语共出现72次，从大的层面来看，涉及产品说明的模糊话语最多，共59处，占总数的81.95%；涉及言据的模糊话语共6处，占总数的8.33%；涉及指称对象的模糊话语共5处，占总数的6.94%；涉及其他方面的模糊话语共2处，占总数的2.78%。卡方检验结果显示，各个内容层面的模糊话语使用次数存在显著性差异（$\chi^2 = 27.39$，$p = 0.000 < 0.01$），也就是说，就内容层面来看，产品说明方面使用的欺诈性模糊话语数量最多。此外，在涉及产品说明的欺诈性模糊话语当中，涉及产品作用、效果或功能方面的欺诈性模糊话语次数最多，共37处，占总数的51.39%；接下来是质量方面，共11处，占总数的15.28%；然后是销售方面，共7处，占总数的9.72%；最后是产品价格方面，共4处，占总数的5.56%。卡方检验结果显示，这几个细分层面的模糊话语数

量存在显著性差异（$\chi^2 = 15.12$，$p = 0.000 < 0.01$），也就是说，产品说明方面的欺诈性模糊话语主要集中在作用、效果或功能方面。

7.4　受众识别的欺诈性模糊话语频次考察及分析

以上笔者统计分析了各个内容层面使用的模糊话语的欺诈程度，获得了一些发现。下面笔者将仔细考察和分析被受众标注出来的频率较高的模糊话语，频率较低的模糊话语，以及未被标注为具有欺诈性的模糊话语，从中总结出一定的规律。

7.4.1　被标注频率较高的欺诈性模糊话语

为了考察受众认为最具欺诈性的模糊话语，笔者将相关话语进行了统计，将频次排在前 10 位的欺诈性模糊话语进行考察，这部分将以小句的方式列表呈现，然后进行分析。

表 7-7　前 10 位欺诈性模糊话语的欺诈程度排序表

排名	被标注为具有欺诈性的包含模糊话语的小句	被标注频次	涉及的模糊话语成因种类	涉及的内容
1	活动期间购买永久黑精华液还能再享受买一送一的优惠	18	歧义性	指称对象
2	我们拥有全国权威报告	15	含糊不清	言据
3	全自动魔发梳只需梳一下，白发全部变黑	12	松散性使用、边界不清	作用、效果或功能
4	全自动魔发梳……天然、安全，真的很不错	11	边界不清	质量
5	这个魔发梳我在韩剧、日剧里面都看见过	10	含糊不清	言据
6	克服传统染发所有缺点	9	边界不清	质量

（续上表）

排名	被标注为具有欺诈性的包含模糊话语的小句	被标注频次	涉及的模糊话语成因种类	涉及的内容
7	只需要1秒钟，黑姿素因子立即进入头发内部	8	松散性使用、边界不清	作用、效果或功能
8	它含有17味名贵中草药精华	7	含糊不清	质量
9	以后黑发只要几块钱	6	含糊不清	价格
10	黑姿全自动魔发梳，韩国最新科技	6	边界不清	质量

由以上统计我们可以看出，"买一送一"这个歧义性结构导致的模糊话语被标注的频次最高，达18次；"权威报告"这个含糊不清语言导致的模糊话语位居第二，被标注频次达15次；排在第三位的是"梳一下，白发全部变黑"这个既具有松散性又边界不清的模糊话语，达12次；接着是"天然、安全"，属于边界不清，有11位受众认为它具有较强的欺诈性；接着是含糊不清语言"韩剧、日剧"所形成的模糊话语，标注频次达10次。排在第六位的是边界不清模糊话语"克服所有缺点"（9次），第七位是松散性模糊话语"1秒钟"（8次），第八位是含糊不清模糊话语"名贵中草药"（7次），第九位是含糊不清模糊话语"几块钱"（6次），第十名是边界不清模糊话语（6次）。这些被标注频次较高的小句当中包含的模糊话语按成因分，涉及边界不清、松散性使用、含糊不清、歧义性等类型，其中边界不清和含糊不清模糊话语出现频率较高；按涉及内容分，质量方面的内容出现频率最高。也就是说，从模糊话语成因来讲，受众认为边界不清和含糊不清模糊话语的欺诈程度较高。而从涉及的内容来看，质量方面的模糊话语被认为具有最高的欺诈性。当然，这只是一个初步的印象，笔者并未对其进行仔细统计。

为了较清楚地了解受众为何对这些话语的标注率较高，笔者结合问卷结果中受众给出的理由进行分析，同时回访了三名受众，请他们详细阐述理由，以期较深入地了解其中的原因。

排名第一位的是"活动期间购买永久黑精华液还能再享受买一送一的优惠"，受众在括号内给出的理由有"到底送什么""这里有歧义""送什么不清楚"等几种有代表性的说法。回访的两个受众都对其进行了标注，当被问及为何认为这个模糊话语具有欺诈性时，他们分别说"这个买一送一到底送什么，没有说清楚，很可疑"，"这个到底送什么东西，含含糊糊的，很可能会送别的不值钱的物件，但是这样子说，还真的挺容易让人上当"。其中有一名年纪最大的受众（52 岁）没有对其进行标注，问及为何没有进行标注时，她说："这个买一送一应该是买一个送一个，等于半价销售嘛，照常理应该是这样，所以当时也没觉得它有什么问题。"从回访结果来看，有些受众对此歧义性结构的模糊话语保持警惕态度，不愿轻易放过任何蛛丝马迹，以防受到经济损失，而有些受众则可能对此不够敏感，倾向于朝着比较理想的方向去接受，对其不加质疑，这样的受众很可能会成为潜在的受骗对象。

由于篇幅有限，笔者无法针对这些模糊话语——进行详细阐述，因此笔者大概地进行了访问，询问受众为何认为这些话语具有较强的欺诈性。一开始有受众说："也没什么特别的原因，就是凭直觉吧。"后来笔者要求其再仔细想一想，受众提供了一些线索："比如你看，这个价格方面的信息直接与消费者的利益挂钩，它没有表达得特别清楚，所以我觉得有问题。"还有位受众说："这个东西一般靠直觉，觉得哪些关键的信息对自己比较重要，自然就会比较关注，而如果它又恰好在这些关键信息上表达不清晰，那我觉得很可能会产生问题，你看这里涉及产品质量，这个涉及它的效果……我认为一般消费者都会对这些方面比较重视吧。"从访谈结果来看，受众在判断相关话语是否具有欺诈性时，一般是凭直觉来判断，然而这种直觉的背后还是有一定的依据可循的。也就是说，受众在看广告时，会情不自禁地对其中与自己利益息息相关的信息特别关注和留意，而如果这些信息不够明确，或存在不实的可能性，就会对其产生怀疑，认为其具有较强的欺诈性。

当然，以上内容只是一个简单的考察，由于篇幅限制，笔者暂时不对其进行深入细致的探讨，留待以后再专门做进一步的研究。

7.4.2　仅被标注一次的欺诈性模糊话语

此外，笔者还特别注意了一些只被标注过一次的模糊话语，看看这些只有少数人认为具有欺诈性的模糊话语有什么样的特征。笔者选择了几名未对这些模糊话语进行标注的受众进行了访谈，问他们为什么不认为这些被个别受众标注为具有欺诈性的例子具有欺诈性。从他们回答的结果来看，这种被少数人标注的欺诈性模糊话语一般可以分为三种情况。第一种情况是内容上没有太多关键信息，大多数受众认为无所谓，不会对之进行过多关注，可以忽略不计，因此未对之进行标注。如下面两个例子：

（14）这么贵的东西你们真的是免费送吗？

（15）你们的电话可真难打呀！

从形成原因来看，它们都使用了边界不清模糊话语，从涉及内容上看，它们涉及的都是与产品本身、言据和指称对象方面不相关的其他方面。受众说："这种话语里面虽然可能有虚假的成分，但是不跟价格等方面直接挂钩，因此我就没有标注，觉得不标也无所谓吧。"因此，根据受众的回答我们可以看出，模糊话语出现的部位和涉及的内容关系比较紧密，这类模糊话语由于涉及的内容属于其他方面，处于欺诈性与非欺诈性的边界地带，可以是欺诈，也可以认定为不具太强的欺诈性，或者说它们的欺诈程度相对较低。

第二种情况是电视直销广告中使用的一小部分模糊话语不太能被一般观众识别，具有较强的隐蔽性，仅被个别受众识别。如以下例子：

（16）让韩国人（是否指全体韩国人？）告别白发！

受众说："哎呀，这个我还真没注意，没看出来，但是经你这么提醒，觉得这里面还真是具有欺诈的可能。不过太隐蔽了，不太容易被发现呢。"例（16）中的"韩国人"属于含糊不清模糊话语，到底有多少韩国人使用了这个产品并获得了很好的效果，广告中只是含糊带过，没有具体交代。然而，这类模糊话语一般人可能不太容易发现，也不会去细究。由此可见，笔者认为这种模糊话语的隐蔽性较高，不太容易被发现，因此仅有个别的受众发现。

第三种情况是受众对一些现象虽然不是很清楚，但是已经习以为常，不去多加思索，就抱着无所谓的态度接受它了。如以下例子：

（17）黑姿永久黑拥有纯度99.8%的<u>亚马逊黑姿素</u>……（感觉故弄玄虚，完全不知道是个什么东西）

笔者问相关受众："'黑姿素'是什么东西您了解吗？为什么没有将它标注为具有欺诈性？"受众回答："不了解，但是<u>应该就是</u>他们推销的产品名称吧，这种没听过的新词在直销广告中太多了，搞不懂，但是也觉得无所谓，新词就新词吧，反正我还是主要关注产品的质量和价格等方面，物美价廉才是最重要的。"这种新名词一般人对之不太理解，但是广告中经常出现类似玄乎的新名词，人们可能就被动地接受，不去追究其欺诈性了，因此只有少数受众对其进行了标注。

7.4.3　未被认为具有欺诈性的模糊话语

从语料分析中我们可以看到，这段电视直销视频所有的模糊话语中，有72处涉嫌欺诈，占总数的83.72%；有14处不涉嫌欺诈，占总数的16.28%。下面笔者结合受众访谈考察相关例子，分析那些不涉嫌欺诈的模糊话语究竟有哪些特征，或者其内在原因是什么。通过受众访谈，笔者发现，那些不具有欺诈嫌疑的模糊话语大致可以分为以下几种情况：

7.4.3.1　不涉及关键因素

以下例子虽然也包含模糊话语，却没有被受众标注为具有欺诈性：

（18）传统染发搅拌、涂抹、加热需要<u>几个小时</u>……

例（18）中涉及含糊不清语言的使用而形成的模糊话语，"几个小时"到底是多长时间，没有一个确定的时间。但是受众没有将它标注出来。笔者回访了几位受众，他们的回答是："我觉得这个倒无所谓，也算是基本上描述了一般现实。""觉得这个关系不大吧，不是欺诈重点。"笔者认为，这可能是由于这个模糊话语涉及的内容不是特别关键，处在可接受范围之内。

7.4.3.2　属于指令性话语

视频语料中存在一些主持人的指令性语言，这些语言中也使用了一些模糊话语，但是由于不涉及关键因素，没有被受众指认为欺诈性话语。试看下面的例子：

（19）<u>立即</u>电话，/折合人民币 400 元的黑姿全自动魔发梳不要钱免费送！/（不可能免费）

例（19）中使用了"立即"这个边界不清的词汇，形成了模糊话语，但是受众没有将其标注为欺诈话语，而是将重点放在后面的"免费送"上。这个话语虽然具有模糊性，但不是消费者关注的重点，放在这里也是属于可接受的模糊话语。下面这个例子也是一样：

（20）<u>马上</u>拨打免费热线吧！

"马上"也是属于边界不清的语言，用在这里形成了模糊话语，其目的是催促电视机前的观众赶紧行动起来，拨打销售热线，由于没有直接涉及价格、质量等关键内容，因此也属于消费者不太在意的模糊话语。

7.4.3.3　隶属患者经历

所选视频语料涉及一些患者的自身经历描述，这些描述中也使用了一些模糊话语。但是这些描述与当前销售的产品说明、指称对象等没有直接相关，与消费者的利益也没有直接相关，因此其中所使用的模糊话语不被认为具有欺诈性。试看下面的例子：

（21）我头发根上的白头发长得特别<u>快</u>，/一个月就要染一次，/太<u>差</u>的药水不敢用，/一个月<u>200～300 元</u>。/

例（21）使用了边界不清的语言"快"和"差"，以及含糊不清语言"200～300 元"。但是受众没有认为它们具有欺诈性，属于无关紧要的或可以接受的模糊话语。笔者认为，这是消费者在描述自己的状况，以及自己以前染发的经历，虽然也存在为产品做广告的嫌疑，但是由于涉及的内容不是特别关键，因此受众认为是"无伤大雅"的模糊内容，对它们不是特别反感。

7.4.3.4　隶属消费者询问

视频语料中还存在一些消费者打电话或现场咨询的内容，其中也涉及模糊话语的使用。然而，由于这部分内容也不与广告的关键内容直接挂钩，因此受众不认为这部分模糊话语具有欺诈性。试看下面的例子：

（22）不算不知道，/一算都能省下一台小汽车了，/还有，/前面还说它是天然的吧？/

例（22）使用了边界不清模糊话语"天然"，这里虽然有为产品做宣传的嫌疑，但是由于它是以疑问的形式进行的提问，没有很肯定地叙述，因此受众对此不是特别介意，认为无关紧要，没有将它列为欺诈性模糊话语。他们对此类模糊话语的评价是："这个就不管了吧，询问式的交流，没太关注它，觉得跟我的利益不是特别相关。"

通过对这些受众认为不具有欺诈性的模糊话语的考察及访谈，笔者发现它们有一个共同点，那就是不涉及产品本身或指称对象、言据等方面的主要内容，与消费者的利益没有特别紧密地挂钩，因此受众认为它们不具备欺诈性，或者对它们的欺诈性忽略不计。

从以上分析我们也可以看到，有些模糊话语虽然具有一定的潜在欺诈性，但是没有引起受众的高度关注。这样的话语加工事实说明了人们在进行话语处理的时候对不同信息加工的关注度是不一样的。

7.5　小　结

本章首先考察了个案电视直销广告中欺诈性模糊话语的使用程度，并附带考察了非欺诈性模糊话语的几种策略类型，探讨了各种策略的语言实现方式；其次着重从模糊话语成因及其涉及的内容两方面考察了模糊话语与欺诈嫌疑的内在关系。研究结果显示：

（1）欺诈性模糊话语在总的模糊话语中占近80%的比例。也就是说，电视直销广告中的欺诈性模糊话语占据了很大的比重，是直销广告实施语言欺诈策略的重要手段。

（2）在电视直销广告使用的模糊话语中，83.72%的模糊话语被认为具有欺诈性。也就是说，电视直销广告中80%以上的模糊话语是具有欺诈嫌疑的。但值得注意的是，并非所有的模糊话语都涉嫌欺诈。

（3）就模糊话语的成因来看，边界不清模糊话语在所有欺诈性模糊话语中所占比例最高，占语篇所有模糊话语的45.35%，其原因可能是这类模糊话语在所有语篇中比较普遍，所占比例本来就比较高（53.49%）。比例相对较低的是含义不清或施为用意不清的模糊话语，可能是因为这类模糊话语的使用本身就需要更多的语用努力，一般在语篇中的使用频率本身就比较低，但是一旦使用，其欺诈性嫌疑就比较大。

（4）从模糊话语涉及的广告内容来看，涉及产品说明的模糊话语的欺诈程度最高，占所有欺诈性模糊话语的81.95%；其他方面的模糊话语欺诈程度最低，只占所有欺诈性模糊话语的2.78%。也就是说，其他方面使用的模糊话语大部分都不具备太强的欺诈性。

（5）结合受众访谈，我们可以看出模糊话语的欺诈性虽然与其成因存在一定关系，但是受众认为最具欺诈性的模糊话语还是与产品本身的内容如价格、质量等方面及言据、指称对象等重要内容相关；而涉及与这几个方面不相关的内容时，则不具备欺诈性，或者欺诈性不强。也就是说，不管什么成因的模糊话语，如果涉及的内容比较关键，如涉及消费者的切身利益，则在很大程度上被认为具有欺诈和误导性；如果只是涉及消费者自身经历的描述或询问等方面，与消费者切身利益的联系不是特别紧密，则在受众的可接受范围之内。即便如此，我们也不能绝对地说这些模糊话语不具有欺诈性，而是其欺诈的程度相对较低，没有像涉及产品本身的内容那么敏感。

第 8 章

电视直销广告中欺诈性模糊话语的语用充实

本章在前面内容的研究基础之上，从模糊话语的理解机制入手，运用词汇语用学中的语用充实理论，剖析消费者在理解相关欺诈性模糊话语时涉及的认知理解过程，分析消费者在理解过程中选择的可能倾向及动因，揭示非法广告商如何利用特定消费者心理因素误导受众对模糊话语产生错误理解，从而实现其欺诈目的。

8.1 语用充实：欺诈性模糊话语的理解机制

词汇语用学是语用学中迅速发展起来的一门新的分支学科，它以词汇为研究单位，结合话语理解原则、使用情境和百科知识，考察词汇的编码意义或者词汇的未完全编码的意义在其使用情境及百科知识的作用下发生变化的理解过程，从而对词汇意义在使用中的演变及变化过程、运作机制、变化规律等方面进行描写，并作出相关理论阐释（Grice，1967；Ducrot，1972，1984；Lakoff & Johnson，1980；Cruse，1986；Hobbs & Martin，1987；Lakoff，1987；Lahav，1989；Sweetser，1990；Horn，1992，2000）。McCawley（1978）发表的文章 Conversational implicature and the lexicon 可以说标志着词汇语用学的确立。自 20 世纪 80 年代末以后，该学科才逐渐开始较为系统的研究。德国洪特堡大学的 Blutner 于 1988 年在《语义学杂志》发表题为"词汇语用学"的文章，首先提出了"词汇语用学"这一概念继而又发表了一批论文，对该学科进行了初步的界定，建立了该学科的相关理论和分析框架，并开展了一系列个案研究。后来该学科逐渐吸引了大批学者注意，开展了一系列的研究和探讨（Aitchison，1994；Bach，1994；Gibbs，1994；Copestake & Briscoe，1995；Franks，1995；Rips，1995；Recanati，1995，2004；Carston，1997，2000，2002；Lascarides & Copestake，1998；Blutner，1998，2002；Lasersohn，1999；Fauconnier & Turner，2002；Wilson & Sperber，2002；Merlini，2003；陈新仁，2005；冉永平，2005，2008；曾衍桃，2006；董成如，2007；詹全旺，2009，2012），而词汇语用认知研究则是词汇语用学研究中一个非常重要的方面，近些年相关研究成果也不断涌现。很多学者以关联理论为理论框架，从认知的角度研究词汇语用，内容涉及词汇的认知语境、词汇的语用收缩和扩充以及语用充实等。

陈新仁（2017）认为，语义—语用界面研究是语用学领域的新话题之一，其中一个核心问题就是话语理解的语用充实。在现实交际中，人们对词汇的理解，并非只涉及静态的原型意义或语码信息的直接再现，而是要根据交际情境对词汇意义及其所指范围进行扩充或缩小，在寻求满足最佳关联期待的基础上，推导出未明说的意义，获取符合最佳关联假定的解读，这一过程叫作语用充实（pragmatic enrichment）（Wilson & Sperber，2002；冉永平，2005）。Wilson & Sperber（2012）认为，语用充实就是把话语传达的逻辑形式充实为完整命题形式的过程，从而形成一个能够满足语用期盼的真值条件内容。张法连、张鲁平（2014）认为，语用充实是一种词汇语用现象，指听话人充分调用语境因素和背景知识将说话人发出的话语中的各种不确定性词义加以充实和锁定的认知语用过程。根据语用充实理论，言语交际是一个复杂的过程，不仅涉及说话人如何将交际意图附于言语行为中，也涉及受话人如何推断说话人的交际意图。由于存在语义不确定性，受话人必须从话语提供的编码出发，根据具体语境进行推理，才能较准确地理解说话人的意图。在话语理解过程中，词语可充当理解触发语的功能，引导人们以交际情境为基础，结合百科知识，以语用收缩与语用扩充的方式对该词汇进行加工，从而正确地理解其在交际情境当中建构的概念和传达的意义。

语用充实既可以包括词语在特定语境条件下的语用收缩，又可以包括词语在特定情境下的语用扩充。大多数研究者倾向于将语用收缩、语用扩充（包括隐喻扩充）作为两个独立的分支进行研究，有学者（Carston，1998）则认为，语用收缩与语用扩充应该结合起来研究，因为在同一个话语中，有些词汇可能在某些方面被语用收缩，而在另一些方面又被语用扩充，两者有机结合之后才能达成对该词汇的完整理解，这种说法当然有其一定的道理。考虑到分析的条理性，笔者倾向于将两种语用充实过程进行分别呈现和考察，作为后文对电视直销广告中模糊话语理解的基础和理论工具。

8.1.1　语用收缩

由于语言的多义性、模糊性、不确定性等种种因素，单独的词汇事实上都可能存在多种理解方式。然而，在进入交际语境之后，它们的意义就会受到交际情境、说话人意图、听话人理解、交际双方的百科知识等的制约而缩小范围，以适应当前交际需要。词汇意义理解过程中发生的这种由于受到语境因素制约以及交际目标需要而发生意义范围缩小的现象，就是语用收缩（冉永平，2005）。语用收缩的存在反映了交际中词语意义理解的语境制约性和顺应性。相应地，听话人在理解特定词语时必须进行语用收缩，才能最终达到准确理解相关词语的目标。我们不妨看以下关于 bird 的例子：

（1）There is a bird in the tree.

（2）I saw several kinds of birds in the river.

（3）Every family roasted a bird for the Thanksgiving Day.

"bird"（鸟）是脊椎动物的一类，是一个类属范畴的总称，包含若干层级以及不同种类。在不同的话语中，该词会因不同的语境条件和百科知识的限制而具有特定的所指。例（1）中的"bird"停在树枝上，根据语境条件及百科知识，理解时一般会发生语用收缩，指"麻雀""云雀""喜鹊"等常见的会飞的小鸟；而例（2）中的"bird"在理解时则会语用收缩为一些会游泳的水鸟，可能会飞，也可能飞不起来，但是不会是"麻雀"等之类的小鸟，因为麻雀不会游泳，不可能出现在河里；例（3）描述的是感恩节发生的事情，因此根据语境条件及关于感恩节习俗的百科知识，这里的"bird"应理解为火鸡。诸如此类的情况，受话人在特定语境条件下，对输入信息进行语用加工，调用百科信息和推理等认知手段，将外延较为宽泛的词汇的意义范围进行缩小，并根据具体语境进行恰当的解读。

8.1.2　语用扩充

语用扩充是语用充实的另一个过程，指的是听话人根据当前话语发生的特定情境，将某个词汇或结构的原型意义或常规意义进行语用延伸的过程。现实交际中，某一词语传递的信息超出其词典意义的情况非常普遍，所以该词汇的意义多多少少会存在对原型意义的语用扩充。因此，在话语理解过程中，听话人必须根据特定的语境条件推断该词汇的延伸意义，包括类别的延伸与扩展。这个理解的认知过程就是交际中对词汇意义的语用扩充。试看以下例子：

（4）她简直就是一个高贵的<u>公主</u>。

（5）他简直就是一匹无人能驯服的<u>野马</u>。

"公主"和"野马"的使用，并非想表达其本来的原型意义；听话人在理解时，也不能仅仅去解读它们的字面意义，而应该根据原型的特征进行扩展，延伸到其各个方面可能存在的其他特征，以符合当前语境的最佳关联期待。例（4）中的"公主"属于隐喻用法，这句话并不表示"她"就是一位真正意义上的公主，而应该将"公主"一词的意义进行扩充和延展，联系到公主的一些相关特征，如高贵、优雅、美丽、有教养等，这样才符合说话人想表达的真实意义，听话人也可以得出最合理的解读，从而使交际得以成功。同样，例（5）中的"他"并不是一匹野马，而是指他身上具有一些与野马相关的特征，如强壮、桀骜不驯等。以上这种超越词汇本身，在话语中采取延伸意义的理解过程，就是语用充实中的语用扩充。

语用收缩和语用扩充适合用来阐释模糊话语的理解，消费者在对电视直销广告中一些模糊话语进行理解时，同样也需要经历一个内在的语用充实过程。下面笔者将采用语用充实理论对电视直销广告中模糊话语的理解过程进行考察和分析，看看对它们的理解涉及语用收缩和语用扩充过程的模糊话语成因分别有哪些类型。

8.2　电视直销广告中模糊话语理解的语用收缩

通过考察，笔者发现，电视直销广告中模糊话语的理解涉及的语用收缩有以下几种类型：

8.2.1　边界不清模糊话语理解的语用收缩

边界不清模糊话语因其模糊的本质属性，致使其所表达的话语意义所指包含一定的范围和空间，这个范围和空间也没有明确的界限，因此在理解时涉及一个语用收缩的过程。也就是说，在对这类模糊话语进行语用充实时，人们需要在相关模糊话语所指的一个概念空间内寻找到一定的参照点，并在选择的参照点基础上再选择一个语用充实的方向。我们来看一下相关例子：

（6）黑姿全自动魔发梳，韩国<u>最新科技</u>……／只需梳一下，／白发<u>全部变黑</u>。／

（7）日本人从不外出染发，／用的是韩国人的<u>最新科技</u>，／<u>克服传统染发所有缺点</u>，／这就是黑姿全自动魔发梳！／

上面两个例子使用了边界不清模糊话语，如"最新科技""全部变黑""克服所有缺点"等，都是边界相对比较模糊的概念。以"最新科技"等模糊话语为例，究竟什么样的产品可以称为"最新科技"产品呢？这就需要消费者在这些概念的范围之内选择一个参照点，然后再将语义目标收缩到一个相应的范围之内，从而得到对该模糊话语的理解结果。然而，事实上，这类模糊话语所表征的意义都包含一定的范围，而且没有任何明确的边界可以供人们参考，因此导致不同的人在对其进行理解时所选择的参照点存在差别，所选择的边界也有所不同。对于某些特定的消费者而言，他们会按照其日常生活经验和常识选择一个参照点，然后倾向于朝着一个相对比较理想化的方向去进行语用收缩，认为这种黑发产品所采用的科技肯定比市场上现有的黑发产品要高明许多，或者使用了之前产品没有使用过的技术研制而成，因此这种黑发产品在质量和性能方面自然也会存在令人期待的优越性。通过这样的一个语用充实过程，他们会觉得广告中所描述的产品一般都比较具有诱惑力，容易令人产生购买的冲动。当然，这个语用收缩的过程和决定因素很可能与个体的心理因素存在一定联系，那么，哪些心理因素在语用收缩理解过程中发生了作用？下面笔者将结合受众访谈予以分析解读。

8.2.2　歧义性模糊话语理解的语用收缩

歧义性模糊话语包含的意义所指一般有两个或两个以上的选项，也需要进行语用收缩才能成功达成理解。我们看以下的例子：

（8）它让<u>韩国人</u>告别白发！

这句话中使用了"韩国人"来说明产品的畅销范围，但是"韩国人"到底是多少韩国人呢？是一个韩国人，还是很多韩国人，或者是所有韩国人呢？事实上，如果只有一个韩国人或者只有少数韩国人使用了该产品，广告商也可以采用这种模糊话语，这属于歧义性话语所具有的模糊性特征。消费者在对这类模糊话语进行理解时，首先要明确这个模糊话语中可能包含的几种解读方式，然后在这几种方式中将自己的理解收缩为其中的某一种。

消费者在对这样的模糊话语进行语用加工时，很容易将该话语收缩理解为"很多韩国人"或者"全部韩国人"都使用了该产品，认为这种产品受到了广大韩国消费者的青睐，从而倾向于认为该产品的销售范围很广，效果也很好，解决了很多韩国人的白发问题，由此对该产品产生信任感。再看一个例子：

（9）我们这套黑姿精华液含有 17 味名贵中草药精华，／梳一下，／就立刻黑发，／现在只要 299 元，／而且<u>买一送一</u>，／相当于每次染发只需要几块钱！／

如对于"买一送一"这样的指称模糊话语，消费者在理解时可以有两种选择，既可能是广告中所推销的同样规格的产品，也可能是比推销产品含量少很多的小赠品，甚至是其他一些与所售产品价格相差很大的小礼物，如钥匙扣、牙膏等。但是现实中，有些消费者在理解过程中进行语用加工时，往往会将这两个代词"一"都收缩为广告中提到的同样规格和质量的产品。

8.2.3　含糊不清模糊话语理解的语用收缩

含糊不清模糊话语的特点是所指对象不明确，因此受众在对该类模糊话语进行理解时，也需要对其所指的不确定对象进行语用收缩。下面我们看含糊不清模糊话语的例子：

（10）我们这套黑姿精华液含有17味名贵中草药精华，／梳一下，／就立刻黑发，／现在只要299元，／而且买一送一，／相当于每次染发只需要几块钱！／

例（10）中，"17味名贵中草药精华"到底是什么种类的中草药，没有明确给出，属于含糊不清模糊话语；"几块钱"到底是几块，怎么计算出来的，也没有说清楚，因此也是含糊不清模糊话语。理解这样的含糊不清模糊话语时必然需要涉及一定的语用充实过程，如对于"名贵中草药"，一般消费者会将其与真正意义上比较珍贵的中草药相联系。然而，该产品到底含有什么名贵的中草药，是否够得上名贵，消费者都不得而知，往往也不加追究。

同样，对于"几块钱"的理解，其涉及的语用加工过程也是语用收缩的过程，因为按照一般的百科常识，"几块钱"可以是两块钱到九块钱之间，而究竟会是多少钱，则需要靠受话人根据自己的选择来主观决定：一般受众很容易将其收缩理解为三块、四块或五块钱，而不是八块或九块钱。

8.3　电视直销广告中模糊话语理解的语用扩充

笔者在分析电视直销广告中模糊话语的语用充实时，发现还有一些模糊话语的理解涉及语用扩充的过程。下面笔者将对这种模糊话语进行举例分析和阐释。

8.3.1　含义不清或施为用意不清模糊话语理解的语用扩充

含义不清或施为用意不清模糊话语在电视直销广告中一般出现得相对较少，可能是因为其对说话人和听话人双方的努力程度要求都相对较高。这类模糊话语理解的特点是需要基于字面意思进行推断，得出相应的语用充实结果。这个超越于字面意义进行理解的过程可以视为语用扩充过程。

试看以下例子：

（11）它！/让韩国人告别白发！/它！/成为日本每个家庭的必备用品！/

对这类模糊话语进行语用充实时，需要自己对所给信息进行推理，可以说是一种推断性的语用扩充过程。消费者看到别的国家好多人在用该产品，使用范围那么广泛，自己也不知不觉地认为该产品一定质量可靠、效果理想，因而产生购买产品的冲动和消费行为。消费者这种类推的语用充实过程其实也是受到一定的消费者心理的影响。至于到底是什么心理在起作用，笔者将在下一节进行分析。

8.3.2　松散性模糊话语理解的语用扩充

冉永平（2008）认为，如果发话人的话语表征缺少严格的语言限定或情景制约，某个词语、结构甚至整个话语的解读就会出现多种可能性，导致信息理解结果的松散。对于信息松散的话语，听话人理解时必须以特定情境中的最佳关联期待为基础，确定松散信息的最佳解读选项，获取该话语传递的实际信息，这一动态的信息加工过程也是一种语用充实过程。他还认为，广告语中体现松散信息的语用现象较多，松散信息的使用也是广告的突出特征之一①。广告商通常会利用一定的词语、结构或话语，给消费者的信息理解制造松散性，使得信息理解结果形成一定的伸缩性和多向性，达到某种特定的宣传效应甚至欺骗目的。下面我们分析电视直销广告中由于语言的松散性使用而产生的模糊话语在理解时进行的语用充实过程。

（12）只要轻轻一梳，/白发立刻变黑……/只要1秒钟，/黑姿素因子立即进入头发内部……/

在例（12）中，画线部分的数字由于松散性使用而形成了模糊话语。

---

① 与本书不同，冉永平（2008）在《论词汇信息的松散性及其语用充实》一文中将许多模糊话语现象比如边界模糊、歧义结构、言据等模糊话语都归在信息松散这一类别之下。

这类模糊话语使用了非常精确的数字，但表达了模糊的信息，理解这类模糊话语时，需要透过字面意义进行一定的语用扩充。根据常识，我们知道，这个产品不可能真的"一梳"头发就变黑，或"1 秒钟"就真的有神奇的效果，肯定需要多次的使用和比 1 秒钟更长的时间才能见效，但是这个次数和时间究竟是多少呢？在进行语用充实时，消费者往往会倾向于朝着特别方便和快捷的方向去进行充实，认为使用这些产品非常简单，见效非常快，很省精力，事实上可能梳很多次，还不一定能够达到消费者所期望的效果。

8.4　模糊话语语用充实过程中的主观性特质

在上文中，笔者基于语用充实理论，从语用收缩和语用扩充两个角度对电视直销广告中所使用的模糊话语的理解过程进行了举例分析和阐释，发现边界不清模糊话语、含糊不清模糊话语和歧义性模糊话语的理解涉及语用收缩过程，而含义不清或施为用意不清模糊话语及松散性模糊话语的理解主要涉及语用扩充的过程。从以上分析我们可以看出，语用充实的过程受到交际情境的制约，因为理解结果必须与当前情境相符，才会具有逻辑性；同时，语用充实的信息还必须与百科知识相符合，否则必然与准确理解话语的目标背道而驰。然而，交际终究是人与人之间的交际，说话人对语言的选择在一定范围内受到主观因素的影响和支配。同样，听话人的理解与认知加工除了受到客观情境因素的制约，同时也受到主观因素的支配。也就是说，同样的话语、同样的客观语境，不同的人可能会进行不同方向的语用充实。

举例来说，上节讲到的关于魔发梳使用了"最新科技"的例子，一般人在看到"最新科技"这样的模糊话语时，会调用百科知识和自己的生活经验，对该话语进行一个语用充实的加工过程。我们可以用图 8 - 1 来表示：

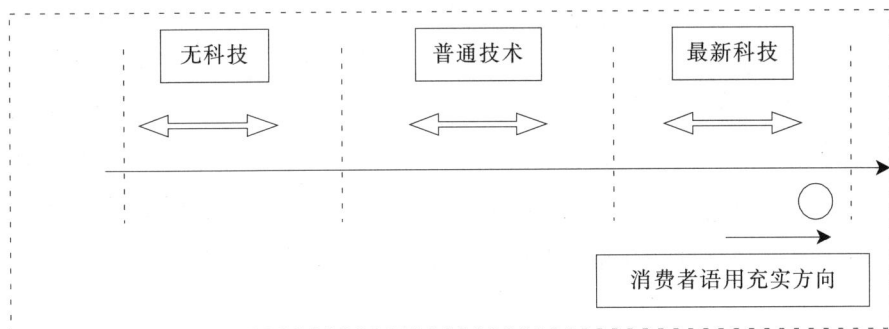

图 8-1　"最新科技"的语用充实

如图 8-1 所示，如果产品的技术水平可以用"无科技""普通技术"和"最新科技"三个层级来表示的话，那么最新科技与普通技术之间没有什么明确的标准界限，而且到底是否属于"最新科技"，需要根据听话人所选择的参照点才能判定。而这种参照点通常也是抽象的、无形的，具有一定的主观性，不同的人对同样的话语所采用的参照点可能也存在千差万别。比如，偏僻山村里的小孩可能认为惯性轮玩具汽车就是最新科技，而大城市的小孩对惯性轮玩具汽车早就习以为常，觉得很普通，认为遥控飞机才是最新科技。受众在对电视直销广告中这样的模糊话语进行语用充实时，也并没有一个统一的参照点，因此得出的充实结果也会因人而异。换句话说，语用充实的过程是一个基于客观语境的认知推理过程，它既受到客观因素的制约，也受到受话人的主观调控：个体心理状态、情绪、愿望的不同或者个人日常生活经历和认知中的百科信息的差异，可能会导致个体在对模糊话语进行语用加工时选择不同的语用充实方向。笔者将模糊话语理解过程中的这种因人而异的语用充实主观调控现象，称为模糊话语语用充实的主观性。

由于模糊话语语用充实中存在主观性空间，不同的受众会在同样的客观语境中对同样的话语进行不同的语用充实，从而导致相同的话语对不同的人产生不同的语用效果。换句话说，语用充实的过程不仅受到客观语境条件和百科常识的限制，还在一定程度上受到个体心理因素的影响，而这些个体心理因素的差别，在很大程度上影响着电视直销广告的欺诈目的是否能够成功实施。因此，在以下章节中，笔者将结合部分消费者访谈，分析消费者在对相关模糊话语进行语用充实时，受到哪些主观性心理因素的支配和影响。

8.5 小 结

本章在前面的内容基础之上，首先阐述了模糊话语的语用充实理解机制，分析了语用充实过程中涉及的消费者心理因素及主观性。研究结果显示，电视直销广告中的模糊话语在理解过程中需要受话人进行一定的语用充实才能完成，而语用充实的方向除了受到客观语境和社会常识的限制，还受到听话人主观选择的影响，这个选择的倾向往往被消费者心理左右。正因为如此，电视直销广告商在广告中故意采用了一定的模糊话语，捕捉一定的消费者心理，并且引导消费者对模糊话语中的不确定信息朝着他们希望的方向去充实，从而对产品产生信赖、渴望等种种心理，进而促成消费行为，使电视直销广告商获取高额非法利润，成功实施欺诈。

第 9 章

模糊话语诱发误读的心理机制

在前文对欺诈性话语的语用充实过程进行分析的基础之上，本章将采用定性分析法探讨欺诈性模糊话语理解过程中所涉及的消费者心理，并采用定量分析法考察模糊话语引发欺诈的可能性是否与消费者的年龄、性别和文化水平存在一定关系，以期进一步论证不同社会人群的消费者心理因素对利用模糊话语实施欺诈的促成作用。

9.1 广告策划与消费者心理

广告营销对商品宣传、推广、销售起到至关重要的作用，它不仅有利于提升产品的市场竞争力，还可通过宣传影响消费者的心理认同和行为习惯，从而有效地培育消费市场（督忠跃，2019）。随着信息社会的到来，市场竞争日益激烈，企业不仅要准确把握市场动态，针对消费者最新需求开发新产品，还要精心策划广告方案，有策略性地把商品效用和功能有效地传达给消费者，从而劝说消费者实施购买行为。广告的目的就是通过各种渠道、方法和策略从不同角度迎合消费者的心理诉求，触发消费者的购买需求和欲望，进而促成购买行为。在现代市场经济发展的大潮下，广告业飞速发展与扩张，厂商和产品日趋多元化和丰富化，市场构架也由卖方市场转向买方市场。在这样的现实背景下，广告在市场经济初期主要承担的简单介绍和推介功能已经完全无法适应当今市场激烈的竞争现状。因此，一种新的产品要想赢得市场份额，现代广告创意工作者必须实实在在地根据产品特性、目标市场的特性以及消费者的心理需求来创作广告，力求以强烈的视觉刺激潜移默化地引导大众消费，最终实现商品的商业价值，达到市场销售的目的（督忠跃，2019）。电视直销广告为了更好地推销产品，也是充分利用声音、图像的优势，精心设计广告营销方案，以刺激消费者的购买欲望。尤其是一些欺诈性产品广告，为了引诱消费者上当受骗，更是处心积虑地运用各种显性和隐性策略来达到其销售目的。

广告是一种有组织、有计划的商业推广活动，它不仅涉及广告作品的创作，还涉及对企业的市场营销状况和市场接受状况进行分析，从而更有针对性地制定广告目标和战略决策。消费者的心理研究是心理科学的一个分支，也是心理学研究规模较大、涉及范围较广的一门重要学问（罗子明，2003）。该领域研究成果可以为企业经营管理和市场营销提供重要指导和参考，为企业的产品研制、市场推广和营销策略的选择等提供决策依据。为了更好地满足和迎合消费者的各种需求，广告活动的方案策划和文字表达都必须以消费心理为基础来精心设计和创作，或者可以说，广告设计的出发点和立足点其实就是大众的消费心理。由于年龄、性别、收入、文化水平、地理环境、心理等因素的影响，不同的消费者也自然会有不同的消费欲望和心理需求。市场调查与分析的主要任务就是了解市场的变化动向，消费者的需求与心理动态等因素，并针对这些市场动向和消费者的消费心理对产品进行包装、设计，同时使广告的对象更加具体、形象、生动。在这些市场调研资料的基础之上，企业主就可以结合企业的营销目标及广告目标，有针对性地进行广告方案的策划。所以总体来说，广告的策划设计以及其整个推广销售活动过程都是围绕目标消费者的各种消费心理需求来开展的。当然，广告主通常不会向大众明示自己的目的和意图，而是利用隐蔽性的语言策略来构建一定情境，迎合目标受众的心理需求，引导受众去感知和体会，最终使其在不知不觉中接受广告语的暗示，实施购买行为（雷桥，2017）。心理暗示语具有含蓄的特性，在隐蔽式语言策略的包装下，往往可以轻松突破受众的广告抵触心理，达到较为理想的营销效果（于文静，2019）。

9.2　理解涉嫌欺诈模糊话语的消费者心理分析

上一章笔者运用语用充实理解阐释了电视直销广告中模糊话语的理解机制，并在分析过程中得出了语用充实的主观性特点。下面笔者将在前面语用充实过程及语用充实主观性论断的基础上，结合语料和受众访谈，分析影响消费者对涉嫌欺诈的模糊话语进行语用充实理解时的主观心理因素，以揭示电视直销广告商在使用模糊话语进行推销产品时顺应了消费者的哪些消费者心理期盼，消费者又是如何在特定消费者心理期盼的影响下落入电视直销广告模糊话语的欺诈陷阱。

9.2.1　广告话语的常见消费者心理需求

消费者心理是指消费者在购买和消费商品过程中的心理活动（Jansson-

Boyd，2010）。聂志红、崔建华（2005）认为，消费者的欲望是多方面的，消费动机和心理也是多种多样的，可以从不同角度对消费者动机和心理需求的类型进行多种划分。按照需求的层次不同，可以分为生存性动机、享受性动机和发展性动机；按照动机形成的心理过程不同，可以分为情绪性动机、理智性动机和惠顾性动机；按照动机作用的形式不同，可以分为内在的、非社会性的动机，以及外在的、社会性的动机。就实施购买行为而言，消费者的购买动机往往十分具体，表现形式也复杂多样，与购买行为的关系也非常直接。把握消费者的购买动机与心理，对指导企业的营销实践具有非常现实和重要的意义。

聂志红、崔建华（2005）认为，消费者具体的购买动机包括追求实用、追求廉价、追求安全和健康、追求便利、追求美感、追求名望、追求新奇、追求自我表现、追求满足嗜好、追求好胜攀比、惠顾性、储备性、纪念性、补偿性、馈赠性等。这些动机具有主导性、转移性、隐蔽性、模糊性和冲突性等特征。樊文娟（1998）认为，消费者在购买活动中，其心理需求包括习俗心理需要、同步心理需要、优越心理需要、趋美心理需要、求便心理需要、选价心理需要、惠顾心理需要、求新心理需要、偏好心理需要、求名心理需要、从众心理需要等类型，这些心理需要往往成为广告商的诉求对象。于惠川、林莉（2012）认为，消费者购买行为背后的心理动机是复杂而多样的，这些心理动机主要包括求实心理动机、求廉心理动机、求名心理动机、求新心理动机、便利心理动机、审美心理动机、习俗心理动机、惠顾和偏爱心理动机、从众心理动机、癖好心理动机、特殊心理动机。以上三种关于消费者需求或动机的类别术语有所不同，但其实内涵基本差别不大。下面笔者将整合以上三种类别的消费者需求，并分别对其进行简单阐释。

（1）习俗心理需要：习俗主要指由于地理、气候、人种、民族、宗教、信仰、历史、文化、观念等方面的不同而引起的消费者在不同习俗方面的心理需要。如南方和北方人的洗脸习惯不同，对毛巾的厚度和大小需求也不一样；再如由于南方和北方的气候差异，对空调的制冷制热功能的需求也有所差异。因此，营销厂家会根据不同销售地区的文化习俗等因素，组织生产销售不同的产品，在广告中采用的策略和强调的产品优势侧重点也会有所不同。

（2）同步心理需要：人们生活在社会体系当中，彼此之间必然会通过各种渠道相互频繁接触，难免相互比较，因此我们可以发现，邻居间、同事间、亲朋好友之间都会有意无意地产生一定的攀比现象。这种攀比心理不一定健康合理或值得推崇，但它作为社会上一种普遍客观存在的事实而影响着人们的消费行为。消费者会产生欲求迎合某种流行风气或与群体中大部分成员保持一致的心理，这种心理称为同步心理。同步心理是一种普遍存在的消费者心理，是一种以争强斗胜或者向别人看齐并企图胜对方一筹的消费心理，在购买商品时，他们考虑的往往不是商品本身的实际价值和自己的实际需要，而是在虚荣心和嫉妒心等的作用下产生某些消费行为。当消费者看到周围的很多人都拥有这些商品时，就会激发他们的同步心理，容易驱使他们产生类似的消费行为。总之，一定时期的消费潮流、风气、消费习惯和心理以及消费者直接的互相仿效都可以阐释此种心理。

（3）优越心理需要：由于消费者希望别人对自己的支付能力、审美能力、挑选能力表示赞美与尊重，因而在购买活动中，往往会产生不甘落后、争强好胜、显示其超过常人的购买条件与能力的优越心理。

（4）趋美心理需要：对商品美感的需求，是自古以来就普遍存在的消费需求。随着社会生产的不断发展，消费者对商品美感的渴求也愈来愈盛，消费者在购买商品时，不仅会考虑产品的质量和效用，还会对产品的设计美观性提出较高的要求，这也是当今消费者普遍存在的趋美心理。

（5）求便心理需要：随着社会技术的发展和生活节奏的加快，人们在购买商品时，普遍都希望能获得方便、快捷的服务，还要求商品携带方便、使用方便、维修方便等，因此求便心理也是消费者在决定购买行为的心理过程中的一个重要考虑因素。

（6）选价心理需要：生产商品能否成为家庭和个人的消费内容，主要取决于消费者的收入。商品价格是消费者购买活动中最重要、最敏感的因素，消费者购买活动的心理活动与价格相关。消费者总希望付出较少的货币，获得较大的物质利益，即通常购买商品所要求的物美价廉、经济实惠。

（7）惠顾心理需要：消费者由于长期使用的习惯或对某个商店、品牌产生特殊的好感，在购买时往往不假思索地、习惯性地选择某个产地、某个牌子的商品，或长期到某个值得信赖的商店购买。这是属于感情上与理智上的惠顾心理需要。

（8）求新心理需要：求新心理是消费者以追求商品的新奇和时尚为主要目的的一种消费心理需要，人们在购买商品时喜欢追求标新立异、不同凡响，注重产品新、款式新、花色新、流行时髦的商品（刘万里，2006）。因此广告中呈现的文案都会强调产品的新颖度和时尚度，吊起消费者的胃口，进而吸引消费者实施购买行为，来满足其求新的消费心理。消费者对构造先进、奇特，式样、装潢新颖，或富有科学趣味、别开生面的商品，都会产生一种新奇的感觉，希望能亲自试用，满足对消费品求新求异的欲望，以增添生活的情趣。

（9）偏好心理需要：偏好心理指由于长期形成的购买习惯或对商品、服务或者人员的认可形成偏好，从而乐于购买的心理。有些消费者由于习惯爱好、学识修养、职业特点、生活环境等因素的影响，会对某类商品稳定、持续地追求与偏爱。如有人对集邮、钓鱼等特别爱好，就会经常关注、反复购买此类商品。

（10）求名心理需要：求名心理是一种以崇尚名牌商品、追求名牌商品或仰慕某种传统商品的名望为主要购买目的的消费心理（刘清华，2011）。这种求名心理与炫耀心理是相结合的，即消费者在求名的同时，其实也体现出其以显示地位、身份和财富势力为主要目的的炫耀心理。名牌商品一般来说是知名度高、信誉好的商品，是经过市场检验并普遍获得消费者认可的优质商品。对名牌商品的信任与追求和对名牌商标的信任感，是不少消费者存在的一种心理状态。因此广告商在策划广告文案时，也常常会抓住一些消费者追求名牌商品的消费心理来推广商品。

（11）从众心理需要：消费者的从众心理是指个体在群体消费行为的影响下，改变个人意见而与多数人取得一致的消费认识和消费行为的心理状态。从众是人们生活当中一种比较普遍和常见的消费者心理和行为现象。从众心理在社会各个年龄段和各个阶层消费者的消费过程中都是十分常见的，如送礼热、汽车购买热、排队抢购时尚手机等消费现象都是消费者从众心理的表现。很多广告文案中都会提到目标产品被明星或普通大众所普遍接受和认可的信息，从而勾起消费者的从众心理，进而使其实施相应的消费行为。

上述这些心理需要构成消费者的不同购买动机。消费者的心理需要错综复杂地交织在一起，可能几种心理需要兼而有之，也可能主次不同。下面笔者将在以上模糊话语的语用充实理解过程及语用充实主观论的基础之上，结合受众访谈，从语用收缩和语用扩充两个层次分析受众在理解涉嫌欺诈的模糊话语时所涉及的消费者心理。同时，在此基础上，笔者将揭示涉嫌欺诈和误导的电视直销广告中的模糊话语是如何巧妙利用这些消费者心理因素来实现其欺诈销售目的的。

9.2.2　模糊话语理解中涉及的消费者心理因素

9.2.2.1　崇尚科技心理

笔者使用了涉及语用收缩的欺诈性模糊话语例子，对一些受众进行访谈，看他们在对相关模糊话语进行理解时涉及怎样的语用充实过程，分别呈现出怎样的心理特征。如前面使用的一组例子：

（1）黑姿全自动魔发梳，韩国最新科技……／只需梳一下，／白发全部变黑。／

（2）日本人从不外出染发，／用的是韩国人的最新科技，／克服传统染发所有缺点，／这就是黑姿全自动魔发梳！／

对于这样的例子，受众呈现出两种理解倾向。一些受众提到"我觉得这个产品不错呀，你看，说是最新科技呢，肯定跟普通的染发产品不一样"，或者说"你看，这个产品是最新科技呢，效果肯定要好很多，觉得可以尝试一下"。从这部分受众的回答来看，他们在对这类边界不清模糊话语进行理解的时候，选择朝着一个比较理想的方向去进行语用收缩（如图 9-1 中的①下方的箭头方向所示），得出了比较好的充实结果，从而对该产品产生了信任感。这类消费者的警惕性相对较低，对科技比较容易轻信，因此属于比较容易上当受骗的人群。电视直销广告商很容易利用他们轻信科技的心理特点，故意采用该类型的模糊话语来引诱其上当受骗。

135

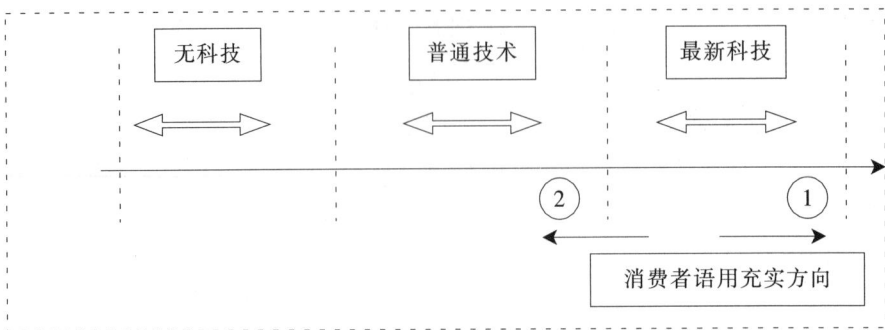

图 9 - 1 "最新科技"理解中的心理作用

还有一些受众将这些模糊话语标注为涉嫌欺诈，在被问到为什么认为相关模糊话语涉嫌欺诈时，他们说"这个最新科技到底以什么技术为参照，广告里面并没有说清楚，谁知道它会是什么科技呢，我觉得值得怀疑"，或者说"这里什么最新科技，哪个会知道它是啥技术哦，说不定跟市场上卖的普通产品包含的技术没啥两样，说不定还不如人家呢"。从这类受众的回答来看，他们对这些模糊话语存在比较警惕和理性的心理，不会轻易朝着理想中好的方向去充实，而是选择比较保守和谨慎的态度，语用收缩的方向如图 9 - 1②下方的箭头所示。这类人一般比较客观和理性，遇到"最新科技"等之类的模糊话语，不会盲目轻信。这种个体理解的差异正体现了语用充实的主观性。

笔者认为，消费者当中普遍存在的这种崇尚科技的心理是消费者心理中的求新心理需要的一种体现，因为以"最新科技"等字眼为旗号的产品也是以"新"来吸引消费者眼球的。例（1）和例（2）使用了"最新""科技""克服所有缺点"等边界不清的模糊话语，但是到底"新"的程度如何，什么样的技术又可以称为"科技"，却不得而知。消费者在毫无防备的情况下，对这些模糊话语进行语用充实时，心理上采用的衡量标准一般比较正规，往往倾向于朝着程度较高的方向去充实，从而对该产品的新奇之处产生极大的兴趣，而这样的充实方向恰恰是电视直销广告商所期望的结果。消费者拿到产品之后发现并非自己想象的那么"新"、那么有"科技"含量，广告商也很容易利用模糊话语的特性为自己辩解。因为模糊话语的特性就是不具体不清楚，要怎么理解，关键还是看个人主观选择的语用充实方向。电视直销广告商由于了解一部分消费者具有这种崇尚科技的心理，因此经常会大量使用模糊话语的策略捕捉这种心理因素，诱导一部分消费者购买其宣传的产品。

9.2.2.2　崇尚权威心理

在访谈过程中，笔者还发现消费者中存在一种崇尚权威的心理，具体可见以下例子：

（3）这一点您完全放心，/我们拥有<u>全国权威报告</u>，/保证不含苯、铅等化学成分，/您完全可以放心使用。/

例（3）使用了含糊不清模糊话语"全国权威报告"。有一部分受众在观看视频时说道："这个产品质量应该还不错，你看，人家有全国权威报告，应该不会是骗人的。"笔者追问一句："到底是什么权威报告，也没说清楚呀？"一名受众说："反正是全国性的权威报告呢，应该不会太差的，可以试一试吧。"由此可见，他们在对该类模糊话语进行充实时，往往倾向于选择较好的参照点，朝着一个比较理想的方向去进行充实，从而得到一个比较好的充实结果。也就是说，这类消费者在看到"权威报告"等诸如此类的含糊不清模糊话语时，比较容易产生轻信心理，认为只要是"权威"，便值得信任，因此也不会去深究其具体是哪个权威机构所出具的何种报告，到底是否值得信任等问题。笔者认为，这种崇尚权威的心理是广告心理学中提到的求名心理需要的一种体现。

另外两位参加过问卷调查并且明确将"全国权威报告"标注为欺诈性话语的受众则表示"这个全国权威报告到底是由何种单位出具的，到底是什么报告，都没有说清楚，就这样含糊带过，我觉得有问题"，"谁知道是什么权威报告呢，说不定就是随便弄一个报告糊弄人的，总之有猫腻嫌疑"。显然，这部分受众在对此类模糊话语进行语用充实时，倾向于采用一种比较谨慎的态度，选取一个较低的参考点，朝着不太理想的方向去进行充实，从而得出比较理性的语用充实结果。在现实中，这类消费者显然属于理性消费群体，不太容易被电视直销广告中的模糊话语所迷惑。有一些消费者比较崇尚权威，电视直销广告商便倾向于采用模糊话语策略，在电视直销广告中捕捉这种消费者心理，从而使得这些消费者受到"权威效应"的影响而最终上当受骗。

9.2.2.3 求廉心理

求廉心理中的"廉"是"廉价""便宜"的意思，求廉心理就是指消费者在选购商品时，注重商品价格，希望以较少的货币支出获得更多的物质利益。笔者通过访谈发现，这种心理在消费者中也普遍存在。试看以下例子：

（4）观众朋友们注意了！/……活动期间购买永久黑精华液还能再享受<u>买一送一</u>的优惠。/每次黑发<u>只需要几块钱</u>，/真诚希望您来电咨询！/

一般情况下，价格很贵的一种产品竟然"不花钱""免费送"，其中必然是需要一定条件的，可是电视直销广告商不明确说明这个免费赠送的条件，这属于含糊不清模糊话语；"买一送一"是一个句法歧义性结构，用在这里形成了歧义性模糊话语，在理解过程中需要消费者根据语境及百科知识或生活经验进行一定的语用充实。一名受众在访谈过程中激动地说道："你看，他们现在搞活动，买一送一，就相当于半价销售了呀，肯定能节省不少钱。"事实上，这样的模糊话语在进行语用充实时可以有很多的选择，可是消费者在理解过程中进行语用加工时，往往会将两个"一"都语用收缩为广告中提到的同样规格和质量的产品，这样一来，价格等于比原来便宜一半，自然是相当实惠和便宜的，因此很容易因为便宜而产生购买产品的冲动。电视直销广告商也正是利用了该句法结构的歧义性和充实的多选择性，故意设下了这个模糊陷阱，诱导消费者朝着自己希望的方向去进行语用充实。有些消费者抱着打折半价的求廉心理，迫不及待地购买产品，最终却发现赠送的产品只不过是一个很小的同类产品，或者是一块肥皂、一支牙膏，有时候甚至是一个毫无价值的钥匙扣，此类情况数不胜数。如果消费者打电话去质问商家，广告商完全可以利用模糊话语的不确定性来为自己进行辩解，比如说："我们的买一送一就是赠送一支牙膏啊，是你自己理解错了，对不起！"这样一来，消费者就被问得哑口无言，只好自认倒霉了。电视直销广告商其实是利用模糊话语的策略来顺应消费者贪图价格便宜的心理，成功达到其欺骗和误导目的。电视直销广告商常常会利用各种手段顺应消费者的这种求廉心理，方法之一便是采用模糊话语的策略来隐性地诉诸这种心理，诱导消费者朝着这样的方向去进行语用充实，从而在不知不觉中受到电视直销广告商的影响，进而实施消费行为，落入电视直销广告商预先设计的模糊话语陷阱。

9.2.2.4 **求奇心理**

根据消费者心理学，求奇心理也是一种很常见的心理现象。人们对新奇的事物总是抱有很大的幻想和兴趣，有一种"新奇"效应。在访谈过程中，笔者也发现消费者中存在这种追求新奇感觉的心理，如以下例子：

（5）黑姿永久黑拥有纯度99.8%的<u>亚马逊黑姿素</u>，/再加上首乌、黑芝麻等17味名贵中草药精华……/

例（5）使用了含糊不清模糊话语"亚马逊黑姿素"。究竟什么是"亚马逊黑姿素"，这个梳子又为什么叫"魔发梳"，"全自动"是怎么个"自动"法，"自动"到什么样的程度等，都需要消费者自己去进行语用充实才可以成功理解。但是电视直销广告中并未对这些名称进行详细解释，消费者对这些话语的理解也是相当模糊的。在笔者问到"这个黑姿素究竟是什么成分"这样的问题时，有受众说道："这个倒是不太清楚，但是应该是属于高科技的一部分吧。""广告中经常使用这样的新名词，都习惯了，没啥大惊小怪的，应该是一种什么新鲜的玩意儿吧。"从他们的回答来看，有一部分消费者在对这类模糊话语进行充实时，选择了将该类模糊话语朝着比较好的方向去进行语用收缩。这些模糊话语给人一种比较神秘和新奇的感觉，由于受这种神秘感觉的驱使，消费者在对其进行语用充实时会将其名称与想象中理想的效果建立联系，对这个产品产生一种新奇的神秘感，进而容易采取进一步的消费行为，尝试一下这种"神奇"产品的"奇妙"效果。电视直销广告商也不可避免地在模糊话语中植入了这些元素，以满足消费者的猎奇心理，从而提升产品的形象和宣传效果，诱导消费者对该产品产生兴趣。

9.2.2.5 **求简求便心理**

由于技术的发展，现代人的生活节奏加快，对技术也形成了很强的依赖感，人们凡事总想依赖技术，省时省力、又快又好地办事情，达到自己理想的效果。从访谈结果来看，这种求简求便的心理需要也在消费者中普遍存在。我们看以下例子：

（6）全自动魔发梳只需梳一下，/白发全部变黑。/传统染发需要先水洗，/全自动魔发梳不用洗头，/干发即刻变黑。/

例（6）中，广告商采用了诸多模糊话语，如松散性模糊话语"只需梳一下"，边界不清模糊话语"即刻""变黑"等。消费者在理解话语时，需要进行一定的语用充实才能完全理解，其中松散性模糊话语的理解涉及语用扩充，而边界不清模糊话语的理解则涉及语用收缩。有受众在观看视频时说道："这个还不错，用起来很方便，梳一下头发就能变黑了，省去很多麻烦。""平时染发的过程太麻烦了，又费时又费事儿，这个好像方便很多。"由此看来，这类消费者在对这类模糊话语进行语用充实时，倾向于朝着比较理想的方向去进行，充实的结果是"这种梳子黑发效果好，用起来特别方便，省时省力"。平时饱受染发困扰的消费者在充实到这样一个较好的结果时，便容易产生购买此产品的欲望。而电视直销商在了解相关现实和消费者心理的基础上，采用这种模糊话语的广告策略，让消费者产生心动的感觉，最终达成欺诈销售的目的。

9.2.2.6 从众心理

消费者的从众行为是一种很普遍的社会现象，也是广告心理学中所说的"同步心理需要的一种体现"。在笔者选择的这段电视直销广告中，广告商巧妙地利用模糊话语来顺应消费者的这种从众心理，以达到促销目的。试看以下例子：

（7）它！/让韩国人告别白发！/即使是79、80岁的老人，/也是满头乌黑秀发。/它！/成为日本每个家庭的必备用品！/日本人从不外出染发，/用的是韩国人的最新科技，/克服传统染发所有缺点，/这就是黑姿全自动魔发梳！/

例（7）中，广告商提到了韩国人在使用这种产品，并且告别了白发，日本每个家庭也在使用该产品，显然是使用了含义不清或施为用意不清的模糊话语。受众在听到相关广告词时提到："这种产品销售情况不错嘛，韩国人、日本人都在用，效果应该很好，咱也可以试试。"消费者在理解该话语过程中涉及语用扩充过程，认为既然很多人都在使用该产品，自己也应该成为该产品的用户。也就是说，受众在加工相关话语时，不知不觉受到从众心理的影响，进而产生消费行为。也就是说，电视直销广告商采用此模糊话语的目的就是利用消费者的从众心理，意图传达给消费者这样的印象：大家都在用我们的产品，你也应该尝试一下。但是由于营销策略的隐秘性，这样的意图并没有直接言明，需要消费者在所给信息的基础上进行语用充实。

以上笔者结合受众访谈，分析了受众对相关模糊话语进行语用充实时所涉及的几种消费者心理。除了以上几种消费者心理之外，可能还会涉及其他不同种类的心理因素，如求美心理、求癖心理、求乐心理、求情心理、效仿名人心理等，虽然没有在所选的这段视频中出现，但是在其他视频中有所体现，那些视频并未给消费者们做调查问卷，笔者抱着谨慎的心态，暂不擅自将那些模糊话语主观定性为欺诈或误导性模糊话语，留待以后再研究。

总的来说，我们从以上分析可以看到，电视直销广告商在掌握了消费者的各种消费者心理之后，很巧妙地利用模糊话语策略隐性地捕捉相关的消费者心理，让消费者在不知不觉中受到误导，这显然是电视直销广告商故意使用模糊话语，顺应消费者的相关心理，对其进行隐性的诱导，从而达到欺诈的目的。下面，笔者将对此种观点进行进一步论证。

9.3　不同人群对涉嫌欺诈模糊话语的理解

任何消费生活都离不开群体的互相影响和作用。不同的群体受其成员的影响，会形成不同的价值观、生活方式、群体规范和行为准则。消费者群体就是由具有某种共同特征的消费者所组成的。面对种类繁多、琳琅满目的商品，人们的需求和选购心理虽然千差万别，但总会有一些具有某种共同特征的消费者构成一个个各具特色的消费者群体。属于同一群体的消费者，在消费心理特征及购买行为、习惯等方面都有许多相同之处。因此，研究消费者群体的特定消费心理，对于企业和广告商制定相应的市场营销战略都具有非常重要的意义和作用。从消费者的自然属性与社会属性出发对消费者进行划分，可以分为不同性别、不同年龄、不同收入、不同地区、不同职业和不同受教育程度的消费者群体（耿黎辉、甘元霞，2005）。

以上笔者分析了模糊话语的语用充实的理解机制，然后分析了模糊话语欺诈及误导背后利用的相关消费者心理。樊文娟（1998）认为，消费者的动机受到许多因素的影响，除了大多消费者共有的因素之外，还有其他一些相关因素，如消费者个体因素和客观外界因素的影响。其中消费者个体因素包括年龄因素、性别因素、文化和职业因素、个人经济因素、个性心理因素等。笔者假定，特定消费者心理与社会群体往往存在一定的相关性，原因是一些消费者心理在一些社会群体中更常见，而另一些消费者心理在另一些社会群体中更常见。

下面笔者将选择其中的三个因素，即从年龄、性别和文化水平三个层面，考察上述三个社会群体对涉嫌欺诈模糊话语的理解情况，进一步论证消费者心理对不同人群理解过程中语用充实的影响。由于每个人群的人数与推理统计要求的最低数值略有差距，相关统计结果不是结论性的，还有待未来研究基于更大规模的统计加以验证。

9.3.1　不同年龄的人群对涉嫌欺诈模糊话语的理解

根据第 4 章研究设计中的方法，笔者将受试按照年龄分成三组，分别是 30 岁及以下（以下称第一组）、31～50 岁（以下称第二组）和 51 岁及以上（以下称第三组），按照模糊话语成因统计他们所标注的涉嫌欺诈的模糊话语次数，再进行列表比较。需要说明的是，为了统计方便，以下数据统计（包括性别和文化水平部分）采用的是相对个数，即只要符合标准便算一次，并未剔除重复的部分，以期通过统计所有的辨认次数来比较各组受试对模糊话语的标注数量，统计结果如表 9－1 所示：

表 9－1　年龄与模糊话语标注频数及频率

组别	第一组 30 岁及以下	第二组 31～50 岁	第三组 51 岁及以上	合计
人数	17	16	13	46
模糊话语标注频数及频率	221（43.25%）	234（45.79%）	56（10.96%）	511（100%）

如表 9－1 所示，第二组受试标注的模糊话语数量最多，共 234 处，占总数的 45.79%；第一组受试共标注的模糊话语 221 处，占 43.25%，位居第二；第三组受试标注的模糊话语数量最少，共 56 处，占 10.96%。也就是说，31～50 岁之间的中年人群标注的误导性模糊话语数量最多，而 51 岁及以上老年人群标注的模糊话语数量最少。30 岁及以下的年轻组和 31～50 岁的中年组之间对欺诈性模糊话语的标注数量不存在显著性差异，但从实际辨认数量和比例来看，中年组标注的模糊话语数量要稍多于年轻组。从实际数据和比例来看，年轻组标注的欺诈性模糊话语数量显然要比老年组多很多，中年组标注的模糊话语数量也比老年组要多许多。

年龄通常会反映消费者的阅历，随着年龄的增长，消费者的衣着、食品、娱乐活动等方面都会发生相应的变化。由于受到不同社会环境、生理和心理特征及不同需求欲望和消费心理的影响，不同年龄段的消费者对产品特征的需求有着不同的要求。耿黎辉、甘元霞（2005）认为，年轻人的消费心理特征主要表现在追求时尚、个性突出、注重情感、易于冲动几个方面；中年人大多事业有成，在家庭中处于决策者地位，消费心理相对成熟，他们经验丰富、相对理智、量入为出、计划性强，注意身份、稳定性强。相比较而言，老年消费者在消费心理上往往会形成与其他群体不同的特征。他们比较遵从习惯，相信经验；注重方便实惠，但又将质量放在首位，渴望得到优质良好的服务。此外，由于现阶段的老年人年轻时长期商品短缺，现在市场资源日益丰富，经济上有了较大的改善，因此很多老年人会产生较强的补偿性消费心理。再者，由于他们处于特定的年龄阶段，健康成了他们最关心的问题，因此他们一般更加注重保养身体，喜欢购买较多的医疗保健用品。

从以上数据我们可以看出，51 岁及以上的人群在个案电视直销视频的模糊话语上标注数量最少，这说明他们对模糊话语欺诈的敏感性不强。也就是说，他们很容易在不知不觉中受到模糊话语的误导而上当受骗。这可能是因为这个年龄段的人群在对模糊话语进行语用加工和充实时，更容易受到相关心理如崇尚科技心理、崇尚权威心理及求廉心理等的影响，导致他们对电视直销广告中的模糊话语的防范能力较弱。因此，年龄较大的消费者可能更容易受到电视直销广告的欺骗和误导，也是上当受骗的高危人群，应该引起注意。相比之下，中年群体一般受教育程度较高，考虑问题相对理性和客观，在对模糊话语进行语用充实时，倾向于采取谨慎和保守的态度，不太容易受到特定消费者心理的引导，因而得出的语用充实结果不会过于理想，很容易关注到模糊话语中潜藏的"陷阱"，不会轻易受到其误导作用的影响。

9.3.2　不同性别的人群对涉嫌欺诈模糊话语的理解

笔者将受试的调查问卷按照性别分成男、女两组，考察不同性别的人群对欺诈性模糊话语的理解情况。

表9-2　性别与模糊话语标注频数及频率

性别	男	女	合计
人数	24	22	46
模糊话语标注频数及频率	303（59.30%）	208（40.70%）	511（100%）

由表9-2我们可以看到，男性标注的欺诈性模糊话语共303处，占总数的59.30%；女性标注的欺诈性模糊话语共208处，占40.70%。也就是说，男性标注的欺诈性模糊话语的数量要远远多于女性标注的数量。从这个数据来看，男性对模糊话语的警惕性更高，对模糊话语的充实偏于理性，不太容易受到相关消费者心理的影响，被误导、蒙蔽的可能性较低。相比较而言，女性在对模糊话语进行充实理解的过程中不及男性那么理性和客观，在有些情况下可能更容易受到相关消费者心理的引导而倾向于将模糊话语朝着相对比较理想的方向进行充实。由此看来，女性对模糊话语潜在的误导和欺诈效果的意识不及男性，更容易受到模糊话语背后所隐藏的消费者心理因素的误导和影响，以致上当受骗。

消费心理是由人的心理发展状况决定的，人的消费心理特点服从于其心理特点，性别是造成个体心理活动和心理过程差异性的重要因素。由于消费者性别不同而引起的心理活动的差异称为消费心理的性别差异，这种差异造成了女性消费心理和男性消费心理的差别。

女性对于不同类型的产品有着不同的消费心理。对于一般生活用品，女性首先表现出来的是实惠心理，即希望所购买的产品能以最低的价格最大限度地满足个人及家庭消费的需要。其次表现的是情感心理，她们较容易受购物环境和现场人际关系的影响，对新颖的造型、华美的包装、芬芳的香味等产生喜好。再次是从众心理，即在购买产品时较容易受别人的支配，期望自己的购买行为能与大众消费者的购买倾向和群体内部其他消费者的购买倾向一致，而且一致的程度越高，其满足心理就越强。在购买女性专用品时，除了具有以上心理状态之外，还具有求美心理、求实心理、求便心理、攀比炫耀心理、自尊自重心理等心理状态。

与之相比，男性消费者一般购买的目的性较强，不易受别人或外界的干扰或支配，他们的消费心理一般突出表现为以下几点：①求新、求异、求癖心理；②目的明确、决定果断；③注重产品的整体质量和使用效果；④购买产品时力求方便、快捷。总之，性别对消费者心理有比较大的影响，但是就具体的消费者而言，性别对消费心理的影响程度也不尽相同，而且消费心理的这种性别差异也会受到其他因素的影响，综合地、混杂地反映在购买行为上（耿黎辉、甘元霞，2005）。

9.3.3　不同文化水平的人群对涉嫌欺诈模糊话语的理解

笔者将受试按照学历分成三组，分别是硕士研究生及以上学历（以下称第一组）、大专及本科学历（以下称第二组）和高中及以下学历（以下称第三组），分别考察这三组受试所标注的欺诈性模糊话语频数及频率，结果如表9-3所示：

表9-3　文化水平与模糊话语标注频数及频率

组别	第一组 硕士研究生及以上	第二组 大专及本科	第三组 高中及以下	合计
人数	15	18	13	46
模糊话语标注 频数及频率	245（47.94%）	210（41.10%）	56（10.96%）	511 （100%）

从表9-3我们可以看到，第一组受试所标注的欺诈性模糊话语频数最多，共245处，占总数的47.94%；第二组标注的欺诈性模糊话语频数位居第二，共210处，占总数的41.10%；而第三组标注的欺诈性模糊话语频数最少，共56处，占总数的10.96%。也就是说，三组对欺诈性模糊话

语的警惕性与防御能力存在较大差异，学历越高的人群，对欺诈性模糊话语的敏感程度越高，不易受到模糊话语中包含的相关消费者心理的左右；而文化水平较低的人群对相关欺诈性模糊话语的敏感程度则较低。根据以上结果我们可以看到，学历越高的人群，对欺诈性模糊话语的误导警惕性越高；而文化水平越低的人群，对欺诈性模糊话语的敏感性越低。造成这种差异的原因，可能是文化水平高的人对模糊话语进行充实时，不太容易受到相关消费者心理的影响，充实的结果更理性，因此对模糊话语的误导性具有较强的抵抗能力；相反，文化水平较低的人群在对模糊话语进行充实时，更容易受到相关消费者心理（如崇尚科技心理、崇尚权威心理及求廉心理等）的影响，倾向于朝着比较理想的方向去充实，得出比较理想的充实效果，导致他们更容易轻信广告内容，从而在不知不觉中受到电视直销广告中模糊话语的诱导，产生购买冲动并实施消费行为。因此，文化水平相对较低的人群是该类欺诈性广告受害者的高危人群，这与一些诈骗案多涉及女性、老年人相吻合，不过这一结果还有待在更多的人群中加以检验。

由以上数据统计我们可以看到，由于不同人群的消费者心理特性存在一定差别，他们在对欺诈性模糊话语进行充实的过程中会选择不同的参照点，从而导致其将相同的模糊话语充实为不同的语用结果，这个不同的语用充实理解的结果，正是决定他们对相同的广告会采取不同的态度及行为的重要参考和依据。有些人群容易上当，而有些人群则不容易上当，这可能正是为什么诈骗犯更倾向于针对其欺诈目而选择以特定人群为目标。

9.4 小 结

笔者在揭示了模糊话语理解机制背后所隐藏的特定消费者心理因素对误导性模糊话语理解所产生的影响之后，又考察了模糊话语引发欺诈与消费者的年龄、性别和文化水平之间存在的关系。研究结果显示，欺诈性模糊话语对不同人群的影响有所差别，这种差别可能是由于不同人群受消费者心理因素的影响存在差异，导致他们在对相同的模糊话语进行语用充实时得出了不同的充实结果。总的来说，年龄较大的人群、女性及文化水平相对较低的人群对模糊话语的识别能力相对较弱，可能是因为这类人群在对模糊话语进行语用加工理解时，比较倾向于朝着相对理想的方向去进行充实，因而不知不觉中受到其诱导，较容易成为成功欺诈的对象。这个研究结果也给相关人群提供了警示，他们需要加强对欺诈性模糊话语的防范意识。

第 10 章

模糊话语诱发误读的顺应性阐释：批评语用分析

本章在前面内容的研究基础之上，结合语言顺应论对欺诈性模糊话语的理解机制和误导功能作出理论阐释，指出非法广告商正是负面地顺应了消费者的某些特定消费者心理而得以实施其欺诈行为的。

10.1　语言的选择和使用是一种顺应过程

Verschueren（1999）认为，语用学就是从认知、社会和文化等角度对人们在交际活动中的语言使用行为展开的综观研究。研究语言在社会语境和特定交际语境中的使用情况和使用过程，其实也就是研究人们在使用语言实施交际时对语言语用策略进行选择的过程；而语言的选择过程则是指语言使用者根据不同的心理意识程度，从语境、语言结构等方面所作出的某种动态的顺应。语言顺应论思想为诠释语言使用中的结构、话语、策略等选择及其理据等提供了重要的理论指导框架。事实上，语言使用就是语言使用者针对某种特定的现实或历史的因素或条件，不断对语言形式和话语策略进行选择的过程。这些选择既包含有意识的选择，也包含无意识的选择；驱动原因既有内部原因，也有外部原因。语言选择的涉及面很广，包含各个层次和方面的选择，如语音、语调、词汇、句式、篇章等语言形式的选择，还包括语言策略的选择；交际双方在进行相关选择时涉及的意识程度可能不同，可供选择的语言手段和语言策略可能也存在差异等（陈春华，2003）。交际中的说话人之所以能够对语言语用策略作出恰当的权衡与选择，是因为语言具有三大显著特征：①可变性或多样性（variability）：可变性作为语言的一种属性，决定了语言结构的各个层次及语言语用策略均具有一系列可供使用者选择的可能性；它反映在语用现象中，体现了语言使用者对语言形式的动态规划，也就是说，语言选择的范围不断变化，具有动态性特征（袁周敏、陈新仁，2013）。②商讨性（negotiability）：商讨性是指语言使用者对语言语用策略所作出的选择都不是按照形式—功能一一对应关系作出的机械选择，而是在高度灵活的原则基础上进行的；商讨性意味着说话人对语言的选择本质上具有不确定性，需要在语境的制约和作用下进行磋商，涉及一个动态性的建构过程。③顺应性（adaptability）：语言的顺应性属性意味着语言选择以策略为参照核心，以语言形式为手段，两者相辅相成、共同作用，以满足当前实际交际需要。这种顺应性具有双向性：语言形式与策略的选择会顺应当前语境；而当前语境的选择也会顺应相应的语言形式和语言语用策略。语言的可变性和商讨性使得语言使用者可以从可供选择的项目中根据当前的语境条件作出灵活的变通，以便更好地满足人们的实际交际与互动的需要（Verschueren，1999）。

顺应论认为，对语言的使用可以从四个方面进行阐释和描述：语境关系的顺应（contextual correlates of adaptability）、语言结构的顺应（structural objects of adaptability）、顺应的动态性（dynamics of adaptability）和顺应过程的意识程度（salience of the adaptability processes），既指语言选择的过程，也指选择的结果。

Verschueren（1999）认为，交际语境包括语言使用者（language users）、心理世界（the mental world）、社交世界（the social world）和物理世界（the physical world）等因素。他认为，语境是在使用过程中由说话人和听话人动态创造和调控的，而不是静态的。在交际过程中，交际者总会有意识或无意识地根据语境和交际目的，从交际双方的心理世界、社交世界及物理世界等方面进行考虑，并对话语进行权衡和磋商，最后作出顺应交际的语言语用策略选择。

语言使用者是交际的中心，语境的成分依赖于语言使用者的认知激活才能发挥语言的交际功能。语言的使用者包括说话人和听话人，还包括与谈话内容有关的其他人。

心理世界是交际参与者的心理和情感因素，具体包括动机、信念、性格、意图、愿望等。顺应论认为，语言交际是人们心智与心智之间的交流，说话人选择语言的过程是一个顺应自己和听话人心理世界的动态过程。比如，一则红酒广告词"醇香浓厚，滴滴醉心"，广告商从顺应消费者的情感和认知状态入手，采用"醇香""浓厚"等能够勾起人嗅觉、视觉享受的词汇来吸引人想象该红酒诱人的浓郁酒香，再用"滴滴醉心"来勾起人想象品味该红酒时如醉如仙的美好感觉，通过增强语言的美感和力度，成功地顺应了消费者心理，获取消费者的心理认同感，从而更有力度地说服消费者实施购买行为，达到推销商品的目的。

社交世界指影响语言交际的各种社会因素，如社交场合、特定的公共制度和社会特有的交际规范等。选择语言进行交际的过程是在社会范围内进行的，因此语言与社交世界的相互作用和顺应无处不在，各种社会因素都会影响语言方式、交际风格和交际内容的选择和使用。此外，在特定的文化语境中总有特定的规范在起作用，交际者选择的语言方式都必须符合这些特定的规范（俞东明，2011）。比如，中国文化受传统儒家思想影响，交际规范一般比较注重礼节，上下级等级次序观念也比较重，同时，由于中国文化崇尚谦虚、低调，言语交际中的上尊下卑、贬己尊人的规范普遍被认为是必须遵守的规范，在称呼级别较高者时一般会使用姓氏加职位。但西方文化则强调个性、平等观念，彼此称呼倾向于直呼其名。这些现象都是不同文化背景下人们遵守不同交际规范的表现。

物理世界主要指交际中的时间和空间的指示关系。时间指示包括事情发生的时间、话语产生的时间和参照时间。空间指示可分为绝对空间关系和相对空间关系。物理世界还包括交际者的身体姿势、手势、外表形象、生理特征等组成部分。在交际中，物理世界中的时间和空间对交际中选择语言形式和策略具有制约作用。对时间概念的理解一般需要结合具体的语境因素。比如，对"我很快就回来"这句话的理解：如果开会途中说话人突然需要出去接一个电话，那就可以理解为说话人会在几分钟内接完电话后回来继续开会；如果是一个人要出差前说了这句话，那就要看他出差的地点远近，少则一两天，多则几天，总之说话人会在办完事情后尽量早些回来。空间指示是指物理世界的相对空间关系会影响说话人和听话人对话语的使用和理解。比如，有人说"我想出去走走"这句话，他既可以指要从当前所在的房间走出去，也可以指从某个城市走到另外一个城市，甚至到另外一个国家或地区。

总的来说，在交际语境的四个要素中，语言使用者处于中心位置，因为只有语言使用者的认知才会激活心理世界、社交世界和物理世界中的语境成分。这些因素在交际互动中共同作用，并且随着交际过程动态地相互作用和调整，以达到相应的交际目的。

10.2 欺诈性模糊话语对消费者心理的负顺应：批评语用分析

10.2.1 欺诈性话语的顺应性研究

欺诈性话语或"说假"作为一种语用策略受到许多研究者的关注，他们从不同的角度对它进行了研究，其中包括心理学、社会学和语用学（何自然、张淑玲，2004）。

Verschueren（1999）的语言顺应论认为，语言使用的过程其实是不断选择语言的过程，这种选择可能是有意识的或无意识的，选择的过程受到语言内部（即结构）或者语言外部的原因所驱动；而且说话人选择的不只是语言形式，还有语言的策略。语言使用者一旦使用到语言，就意味着要根据语言的三种特性（变异性、商讨性和顺应性）不断地对语言作出一系列选择。这三种特性互为关联，但以顺应性为主要特征，从四个方面去阐述语言的使用：语境关系顺应、结构对象顺应、动态顺应以及顺应过程的意识程度（salience）。简单地说，语言使用过程是在不同的意识程度下语言结构与语境相关成分之间相互顺应的过程。

模糊话语作为一种语用策略是在现实的社交世界中应用和实施的，它受到各种各样的文化和语境的约束，也涉及人们的认知理解过程；而顺应性则是把语言、社会、文化和认知的因素结合在一起来考虑语用。

从以上模糊话语理解的过程中我们可以看到，受众在对电视直销广告中的模糊话语进行理解时，其语用充实过程受到相关消费者心理因素的影响。那么电视直销广告商是如何使用模糊话语策略来迎合消费者的各种心理，从而达到其误导和欺诈目的的呢？下面笔者基于语言顺应论对其进行理论分析。

10.2.2 模糊话语的使用和理解是一种双向的选择过程

Verschueren（1999）认为，语言的使用说到底是一个不断的、有意无意的、受语言内或语言外因素左右的语言选择过程。语言的选择可以发生在语言结构的任何层面上，涉及的层面包括语言的种类、言语体裁、言语风格和语用策略等；语言使用者选择时的意识程度不同；语言选择发生在话语产生和话语理解两个方面，也就是说，在言语交际过程中双方都要作出语言选择。电视直销广告商在广告中使用的语言，归根结底是为了实现其交际目标而进行选择使用的结果。除了选择语言种类、言语的体裁和风格之外，电视直销广告商必然也会根据其交际目标选择合适的语用策略。

从以上分析我们可以看到，电视直销广告中模糊话语策略的使用是广告商选用的多种语言语用策略中的一种。模糊话语具有隐蔽性，因为其理解过程涉及一定的语用充实过程，而语用充实的进行除了受到客观语境和百科知识的制约，同时还受到其他主观因素的影响，如心理因素等。也就是说，话语的使用和理解是一种双向的选择过程，电视直销广告受众在对话语进行理解时也涉及一种自我选择的过程。正如笔者前文所论证的那样，不同的个体对相同的模糊话语进行语用充实，所选择的参照点存在差别，所产生的充实结果自然也存在不同之处，因此因人而异，具有一定的调整空间，也就是笔者前面所说的模糊话语理解的"主观性"。

笔者认为，由于模糊话语本身的"模糊"特性，以及理解过程中涉及的"主观性"，电视直销广告商的误导意图显得更加具有隐蔽性，也给广告商在遇到消费者责难时留下了为自己开脱的余地，因此电视直销广告中模糊话语策略的使用不失为一种"高明"的手段。如笔者之前所举的"买一送一"的模糊话语例子，如果消费者冲着买一个产品赠送同样的产品，为了得到价格的实惠而去购买该产品，结果最终发现只赠送了一支牙膏，必然会大失所望，打电话过去责问，而这时，电视直销广告商则可以理直气壮地利用模糊话语的"模糊特性"来为自己辩解，将过错归咎于消费者的理解问题之上，结果消费者悻悻然也只能"哑巴吃黄连——有苦说不出"了。

就话语策略使用的选择和理解涉及的选择过程的意识程度而言，电视直销广告商使用的模糊话语的意识程度显然更高一些；因为从某种程度上说，他们的目的性很强，就是要推销自己的产品，因此必然会绞尽脑汁地选择各种语言语用手段来实现自己的交际目的；而广告受众在接受广告话语时，所经历的理解过程虽然也具有一定的意识程度，但是相对来讲比较弱，甚至有时不经意间就受到了相关模糊话语策略的误导和影响，而自己却浑然不知。事实上这种现象时有发生。当然，也有一些消费者在对模糊话语进行语用加工时采取比较保守和警惕的态度，朝着比较理性的方向进行语用充实，因而不容易被广告中的模糊话语所迷惑。由此看来，模糊话语的使用是一种很微妙的隐性的策略，一方面电视直销广告商有意识地采用模糊话语意图迷惑受众，而另一方面对这些模糊话语如何进行理解和加工，又取决于个体受众不同的主观认知心理。因此，同样的模糊话语欺诈策略对不同的消费者会产生不同的影响和效果，这就是有些人容易上当受骗，而有些人却不会受骗的原因。

10.2.3　模糊话语对消费者心理的负顺应

根据顺应论，语言使用者之所以能够在语言使用过程中作出种种选择，是因为语言具有变异性、协同性和顺应性三个特征。语言的变异性指语言具有一系列可供选择的可能性；语言的协同性指所有的选择并非严格按照形式—功能一一对应的关系而机械使用，而是交际者在交际目的的驱使下灵活选择的话语策略；语言的顺应性则是指语言使用者为了满足交际需要而从可供选择的语言或语用策略项目中作出灵活变通的特性。语言的这三种特性互相联系、密不可分，构成了语言运用的基本要素。语言的变异性和协同性是前提和基础，因为它们为语言的选择提供了可能性和方式；而语言的顺应性则是在这两个的前提和基础上，以恰当的方式在可能的范围内驾驭语言，以便满足具体语境中的交际需要，使语言交际得以顺利进行，并最终实现交际者的交际目标。毫无疑问，电视直销广告商对模糊话语策略的使用也是为了满足其特定语境中的交际目标而作出的选择。也就是说，他们之所以会使用大量的模糊话语，是由语境因素和交际者的意图等多种因素共同作用而形成的结果。这些决定因素具体有哪些，笔者将结合语言的顺应性对其进行探讨。

语言的选择只是交际过程中的一种手段，而顺应才是语言使用的最终导向和目标。Verschueren（1999）认为，语言使用中选择的过程普遍存在，因此顺应也自然具有其普遍性和必然性；语言顺应的本质是"语言是人类与其生存环境之间相互作用的一系列适应现象之一"。语言顺应是双向的或多维的，语言顺应语境，或语境顺应语言，或两者同时顺应。语言对语境关系的顺应包括对物理世界的顺应、社交世界的顺应以及心理世界的顺应三个方面，同时三者又可以有机地结合、融为一体，在内容上有部分重叠，以便更好地相互融会贯通。物理世界包括时间和空间的指称关系；社交世界是社交场合、社会环境和语言社团的交际规范；心理世界包括说话人和听话人的个性、情绪、愿望、意图等认知和情感方面的因素。电视直销广告的目的是成功销售广告中的产品，为了达到这个目的，广告商必然会选择一定的话语策略去实现广告的交际目标，而模糊话语的使用则是其多种语言或话语手段中的一种。笔者认为，电视直销广告中的模糊话语策略的使用主要体现了对消费者心理世界的顺应。

电视直销广告是一种通过电视媒体进行播放的公共话语，需要经过国家相关部门的审查才能得到播放许可，最终到达其目标受众；而销售的产品质量等方面若存在问题，必然还会受到国家相关法律的约束。在这种客观物理世界和社交世界的语境制约下，电视直销广告话语中使用的语言就必须至少满足以下两个条件：第一，语言相对正式，符合广告的语体特征和语言要求。第二，不能有明显的虚假广告语言，或者空头的承诺；否则，消费者发现后一旦举报，广告商便陷入不利境地而无处藏身。在这样的语境条件限制之下，如果电视直销广告商想要实现欺诈，就必然需要采用一些隐蔽的手段来实现，使得他们既能销售出自己的产品谋得利益，又要兼顾可能会面临的问题。因此，模糊话语以其独特的隐蔽性和不确定性的优势，自然成了他们"高明"的话语手段之一。那么如何使这些话语手段能够更好地达到他们的交际效果呢？在模糊话语中植入相关消费者心理，利用消费者对模糊话语进行语用充实时的心理倾向，则是一种再高明不过的上上之策了。

从以上分析中我们可以看出，电视直销广告商在了解受众相关心理的基础之上，选择使用了模糊话语的语言语用手段来顺应消费者的崇尚科技心理、崇尚权威心理、求廉心理、求简求便心理和从众心理等消费者心理因素，诱导消费者朝着理想的方向去进行语用充实，从而顺利达到其销售目的。交际一方选择语言的过程，也是顺应自己和交际另一方的心理世界的一个动态过程。非法电视直销广告的目的是推销自己的产品，诱导消费者去购买产品，从而使电视直销广告商获得利润。然而，他们又不能将自己的盈利目标表达得过于直白，以免显得过于功利，从而引起消费者的反感，产生不良后果。因此，电视直销广告商必须在充分了解消费者的种种心理期待、价值观念和心理状态的基础上，选择使用模糊话语来隐藏自己的目的，同时又站在消费者的角度考虑，巧妙地利用消费者的种种心理，让消费者在不知不觉中"自投罗网"，心甘情愿地实施购买行为。这种隐性的劝说方式在广告话语中也是一种常见的话语现象，已经受到广大研究者的关注（Packard，1981；Tanaka，1994，1999；韦汉，2001；Crook，2004）。

电视直销广告中模糊话语的使用是广告商在特定语境下，为了实现其交际目标而有意识进行选择的结果，从而以一种隐蔽的方式来利用或者顺应消费者在理解模糊话语时所调用的各种微妙的消费者心理，以成功地达到他们的欺诈目的。一般正规广告中也会使用相关模糊话语，但是他们在实践中提供的产品质量与服务相对优越和正规，名副其实，不会说一套做一套。然而，非法电视直销广告商却利用模糊话语充实的主观性，堂而皇之地钻了模糊话语的空子，说一套干一套，给消费者设下了圈套，并造成经济、健康等多方面的损失。

陈新仁（2013）认为，当前一些公共话语通常会对一些消极负面的消费者心理、人生观或价值观进行"负顺应"，从而达到一些不可告人的交际目的。笔者认为，本书中电视直销广告商利用模糊话语的模糊属性，植入相关的消费者心理因素，利用一些消费者心理因素来左右消费者对相关模糊话语的理解，其实也是一种负顺应，其最终的交际目的是让一部分广告受众购买其产品，从而牟取暴利。这正是非法电视直销广告商牟取利润实施欺诈的内在机制和手段。

笔者认为，为了提升电视直销广告的社会公众形象，推进广告业健康有序地正常发展，相关部门应该加强对电视直销广告话语中模糊话语使用的规范和管理，促进广告话语的规范、合法使用。

10.3 小 结

本章在前面内容的研究基础之上，回顾了 Verschueren（1999）顺应论的基本概念和理论框架，阐述了欺诈性话语的顺应性工作机制，并结合语言顺应论对欺诈性模糊话语的理解机制和误导功能作出理论阐释。研究发现，由于模糊话语本身的"模糊"特性，以及理解过程中涉及的"主观性"，电视直销广告商的误导意图显得更加具有隐蔽性，也给广告商在遇到消费者责难时留下了为自己开脱的余地，因此电视直销广告中模糊话语策略的使用可谓一种"高明"的手段，其在广告中使用欺诈性模糊话语的动机在于"顺应"消费者的某些特定心理，从而促使他们产生消费行为。也就是说，电视直销广告中模糊话语的使用是广告商在特定语境下，为了实现其交际目标而有意识进行选择的结果，从而以一种隐蔽的方式来利用或者"顺应"消费者在理解模糊话语时所调用的各种微妙的消费者心理，以成功地达到他们的欺诈目的。

第 11 章

结 论

本章将对整个研究进行回顾和总结，呈现本书的主要发现、研究的理论贡献和实践贡献，并提出本书研究的不足之处以及未来展望。

11.1　主要发现

电视直销广告优厚的利润空间使得许多商家对这种营销方式趋之若鹜，而广告的水平和产品质量水平参差不齐，一些商家利用行业监管的空缺和消费者认知水平的不足，使用各种手段欺骗消费者，以牟取不义之财。此前文献认为，这些手段的其中之一便是利用模糊话语的不确定性和隐蔽性来达到欺骗消费者的目的。本书首先回顾了前人对欺诈性话语、模糊语及批评语用等方面的研究，呈现了相关领域已取得的成果，并找出本书的研究空间，突出了本书的必要性，然后结合 Fairclough（1995）的批评话语分析三维框架及陈新仁（2013）提出的批评语用分析框架，构建了适合本书需要的批评语用分析框架。在此基础之上，本书考察了涉嫌欺诈的 6 段电视直销视频，探讨其中使用模糊话语的基本情况，然后选择了其中一段个案视频作为调查语料，从受众视角考察电视直销广告视频中欺诈性模糊话语的使用情况，并从模糊话语成因及模糊话语涉及的内容两方面来揭示模糊话语与欺诈嫌疑之间存在的关系，最后运用语用充实理论，结合受众访谈阐释了模糊话语诱发错误解读的内在机制，并分析了模糊话语诱发错误解读的社会心理因素，通过考察年龄、性别和文化水平三个因素对欺诈性模糊话语的识别情况，进一步论证社会心理因素对模糊话语解读的影响。

就模糊话语在非法电视直销广告中的使用程度、电视直销广告中的模糊话语与欺诈嫌疑的内在关系，以及模糊话语引发欺诈的内在机制和影响因素而言，本书发现：

首先，非法电视直销广告大量使用模糊话语，特别是偏爱使用边界不清的语言而形成的模糊话语。就涉及的内容而言，相关模糊话语主要涉及产品说明。

模糊话语在非法电视直销广告中使用频繁，平均每两个小句中就会出现一次。就模糊话语的成因来看，边界不清的模糊话语占到模糊话语总数的70%左右，与此相对的是，近似性语言和不确定性语言导致的模糊话语则被有意地回避使用，可能是因为使用这类模糊话语容易给人造成一种信心不足的印象，不利于广告宣传。此外，就模糊话语涉及的内容来看，涉及产品说明方面的模糊话语使用频率最高，而其中产品说明内容中的模糊话语使用又主要集中在产品的作用、效果或功能方面，占到所有欺诈性模糊话语的80%以上。究其原因，可能是产品说明方面的内容与广告商和消费者的利益密切相关，为了达到宣传和销售的交际目的，电视直销广告商常常会在产品说明方面极力渲染，突出其质量、作用和效果等。

其次，话语模糊策略是涉嫌欺诈的广告商喜欢使用的策略，大多数模糊话语具有欺诈效果，小部分模糊话语因不涉及关键内容因素而被认为不具有欺诈效果。

电视直销广告中模糊话语的欺诈策略在所有欺诈性话语策略中占到较大比重，是直销广告语言欺诈策略中的重要手段。以往研究大多倾向于采取研究者视角直接认定模糊话语具有欺诈目的和效果。本书另辟蹊径，采取受众视角，从消费者访谈语料分析中得出研究结论。研究发现，电视直销广告中使用的所有模糊话语中有80%以上嫌疑欺诈和误导，20%左右的模糊话语不具有欺诈效果，其原因是相关模糊话语主要涉及消费者自身经历的描述或询问等方面，与消费者切身利益的联系不是特别紧密。

再次，电视直销广告中欺诈性模糊话语的理解涉及语用充实过程，而语用充实过程除了受到客观语境因素的制约，还会因个人的主观性而产生不同的语用充实结果，而造成主观性差异的原因可能跟社会不同群体的心理因素密切相关。广告商正是利用了这些心理因素，通过模糊话语达到实施欺诈的目的。

电视直销广告中的模糊话语需要受话人进行一定的语用充实才能达到充分理解，而语用充实的方向除了受到客观语境、百科知识的制约，还受到受话人主观因素的影响，因此对模糊话语的语用充实过程具有一定的主观性；不同的人在对相同的模糊话语进行语用加工时会选择不同的充实方向，从而得出不同的充实结果，而这个充实的结果往往会决定受众对相关广告的信任程度，最终导致不同受众对相同的广告话语作出不同的心理和行为反应。个体之间语用充实结果的差异，很大程度上取决于不同个体受到相关社会心理因素的影响程度。电视直销广告商在广告中利用模糊话语对消费者的相关社会心理进行了负面的顺应，其目的是诱惑消费者实施购买行为，从而获取不当经济利益。可见，与同样可能会使用模糊话语的合法广告商不同，非法电视直销广告商会利用模糊话语充实的主观性，意图引导消费者对模糊话语中的模糊信息朝着他们希望的方向去进行语用充实，钻模糊话语语义不确定的空子，采取一些名不副实的促销行为，促成消费行为，从而成功实施欺诈。

最后，通过年龄、性别和文化水平三个因素影响下的分组数据统计分析，笔者发现欺诈性模糊话语对不同人群会产生不同的影响和效果。总的来说，年龄较大的人群、女性群体以及文化水平相对较低的群体对模糊话语的识别能力相对较弱，可能是因为这类人群在对模糊话语进行语用加工理解时，更容易受到崇尚科学心理、崇尚权威心理和求兼心理等消费者心理因素的影响，因而常常在不知不觉中成为非法电视直销广告的高危受害者。当然，由于各组人数有限，比较的结果还有待未来在更多人群中加以检验。此外，需要强调声明的是，笔者认为，并非只要使用了模糊话语就一定会带来欺诈，只是被电视直销广告商加以利用，以便引发特定心理因素的参与，产生与实际情况不相匹配的期待，从而引发欺诈行为。

11.2 主要贡献

本书通过受众视角和研究者视角相结合的方法，考察了非法电视直销广告中模糊话语的使用情况及其具有的欺诈嫌疑，并从模糊话语成因及涉及的内容方面来考察模糊话语与欺诈嫌疑的内在关系，结合受众访谈和相关理论，阐释了欺诈性模糊话语的理解机制及背后所顺应的消费者心理，揭示了模糊话语实施欺诈的内在机制。本书的意义和贡献可从三大方面进行概括。

11.2.1 理论方面的贡献

11.2.1.1 进一步深化和拓展模糊话语研究

本书在前人关于语言模糊研究和语用模糊研究的基础之上，从话语层面和交际层面的角度来动态地考察话语中包含的模糊现象，提出了模糊话语的概念；并基于前人研究成果概括总结了模糊话语的形成原因，推进了模糊语言理论的进一步发展。本书还发现了话语中精确数字的模糊使用现象，语言本体不模糊的语言在进入交际话语之后也可能产生模糊话语，这一发现显然又拓展了语言本体模糊的研究。同时，本书从话语的层面入手，结合具体交际语境、交际参与对象和交际目的来考察模糊话语现象，引入了模糊话语研究的动态视角，从而进一步丰富了现有模糊理论研究，使得模糊话语研究更有深度、目的性和现实性。

11.2.1.2 改进了以往广告研究中将模糊话语直接与欺诈画等号的研究范式

本书分析了模糊话语与欺诈嫌疑之间的内在关系，揭示了模糊话语实施欺诈的内在机制，发现模糊话语的欺诈之所以得以实施，主要与其涉及的交际内容方面和消费者的社会心理因素相关。如图11-1所示：

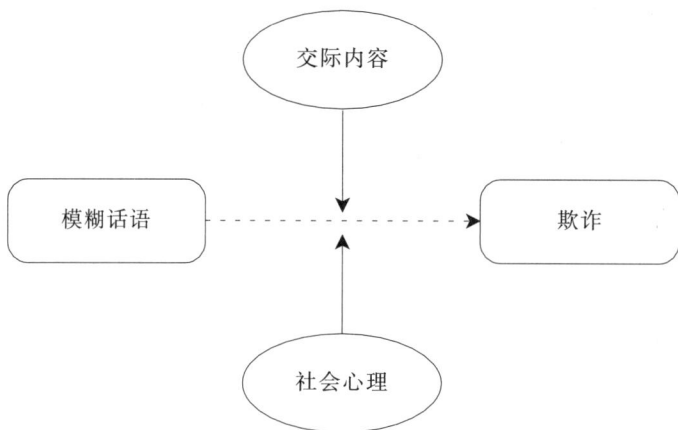

图 11-1 模糊话语欺诈机制

从图11-1中我们可以看到，模糊话语之所以产生欺诈，主要与其涉及的交际内容方面相关，也就是说，如果模糊话语涉及的内容比较关键，与利益问题密切相关，则欺诈性较强。另外，模糊话语实施欺诈的机制，主要通过一些社会心理在语用充实理解过程中对受众的影响而得以实现。这个研究结果进一步深化和丰富了模糊话语研究的维度，为今后研究开辟了一个崭新的切入视角。

11.2.1.3　修正和补充了语用充实理论

以往语用充实的种类主要有收缩和扩充两种，而且不因个体而异，受到客观语境因素制约而得出一个必然的公共的理解结果。然而本书发现，话语的语用充实除了受客观语境因素和百科知识的制约和限制之外，还在一定范围之内存在一定的主观性，而这个语用充实的主观性最终是由消费者个体受到社会心理因素的影响程度而决定的。也就是说，不同的人对相同的话语进行语用充实之后，可能会因受到相关社会心理因素影响程度的不同而得出不同的充实结果。这一发现可以说是进一步丰富、补充和完善了原有的语用充实理论。

11.2.2　实践方面的贡献

11.2.2.1　丰富了批评语用研究实践和方法论

批评语用学科自提出以来，开展的相关实践研究目前还处于严重匮乏状态，需要学者们采用本学科的理论框架来研究具体的社会话语现象，进一步丰富批评语用学研究的相关成果，更好地为社会语言文明建设作出贡献。本书在前人研究的基础之上（Mey，1993；陈新仁、陈娟，2012；陈新仁，2013），运用批评语用分析框架和工具开展比较系统的研究，为批评语用学的学科发展作出一定贡献。

11.2.2.2　为商业话语监督部门和消费者提供了专业性指导

本书采用现实生活中的商业话语为语料，揭示了其中使用的模糊话语形成欺诈的内在机制，进一步深化了公众对商业话语欺诈的了解，提高了人们对该类商业话语的警惕意识。本书一方面以语言研究的专业性结果为公众鉴别欺诈性模糊话语提供更好的专业意见，另一方面也为工商部门审查相关节目提供理论支撑和专业性指导，具有较强的实际意义和应用价值。

11.2.3　方法论方面的贡献

与以往单纯采用研究者视角来批评分析现实话语的方法不同，本书采用受众调查与访谈的实证方法，引入了受众视角来看待话语理解，并结合研究者的理论阐释和定性分析，取得了相对比较客观和全面的研究结果，这种新的尝试进一步丰富了批评语用的方法论。

11.3 研究不足与未来展望

由于种种原因，本书难免存在一些不足之处，也为以后学者在相关领域内进一步拓展留下了一定的空间。下面笔者将具体总结本书的不足之处，并提出未来研究可供参考的发展方向。

11.3.1 研究不足

由于笔者知识水平和研究能力有限，本书尚存在一些缺陷和不完善之处，主要体现在以下几个方面：

首先，笔者在判定模糊话语类别时虽然是基于一定的概念进行的，但是并没有提出十分客观的标准，难免存在一定的主观性，同时在对模糊话语进行统计时，也难免存在一定的人为误差。但是，总的来说，处于模棱两可状态的模糊话语例子也是属于个别情况，因此最终得出的数据统计也具有一定的客观性和代表性。

其次，由于收集的语料数量不是很多，参与调查的受众人数不够多，人群选择也存在一定的局限性，导致研究得出的结果可能还不够全面和具有代表性，有待日后在大量数据和受众调查的基础上进一步对本书结果进行修正。

最后，本书虽然选择的是视频语料，但是研究和分析的重心还是放在转写的书面语言方面，导致对多模态因素的考察及多模态与语言的互动关系考察不够，这一点还需以后的研究进一步进行补充和拓展。

除了以上不足之外，本书可能还存在其他一些缺陷或问题，如模糊话语的成因概括不够全面、话语内容涉及的方面分类不够全面和客观、对社会心理的分析不够全面、对相关因素的考察和分析不够深入等。此外，若能加入一部分与合法广告中使用的模糊话语情况的对比考察，也许能够更好地解读本文模糊话语分布的情况。

11.3.2 未来展望

由于笔者水平有限，本书在写作过程当中还存在很多不足之处，然而这些不足也给后人留下了许多可拓展的空间。比如我们在开展模糊话语的批评语用分析研究时可以考虑以下几个方向：

第一，进一步考察和分析模糊话语的形成原因，形成更全面的模糊话语类型；

第二，采用现实语料，进一步拓展模糊话语批评研究的领域，为现实交际中的话语文明作贡献；

第三，进一步考察模糊话语中的多模态成分，分析多模态成分与语言模糊之间可能存在的关系，从而更全面地把握模糊话语的属性；

第四，以此研究为参考，与合法正规广告语料进行对比，更好地呈现非法广告模糊话语的使用情况及其特殊之处。

当然，这些未来研究的建议只是笔者不成熟的几点想法，未来研究者还可以在本书的基础之上，从其他方面进行拓展。

11.4 小 结

本章内容主要总结了本书的研究发现和启示，概括了本书的理论贡献和实践贡献，然后分析了本书存在的不足，并为未来研究提供了一定的方向和参考。由于笔者水平有限，该研究难免存在许多疏漏之处，但求抛砖引玉，吸引更多的研究者为批评语用学的理论和实践方面作出更多的贡献，丰富本学科的相关成果。

受众调查问卷

亲爱的朋友们，大家好！诚邀您参与本次调查。本调查不涉及隐私话题，对相关问题的回答不存在对错之分，调查结果只用于一项研究。非常感谢您的帮助和配合！

Ⅰ．首先有 3 个问题请您简单回答，答案写在问题后面。

1．您平时一般每周看多少小时电视？

2．您平时看电视直销广告节目吗？

3．您有过电视购物的经历吗？

Ⅱ．个人基本信息：请在所给的选项中选择符合自己的一项，并将其字母序号填在相关问题的括号内。

1．您的性别是？（　　）

A．男　　　　　B．女

2．您的年龄处在哪个范围之间？（　　　）

A．11～20 岁　　B．21～30 岁　　C．31～40 岁　　D．41～50 岁

E．51～60 岁　　F．61～70 岁　　G．71～80 岁

3．您的学历是什么？（　　　）

A．小学（含在读）　　B．初中（含在读）　　C．高中（含在读）

D．大专（含在读）　　E．本科（含在读）　　F．硕士（含在读）

G．博士（含在读）

操作说明：您所收看的视频广告已经被国家工商部门公布确认为非法直销视频（以下附转写的对应文字语料）。请您观看视频时，指出所有您认为可能存在问题的地方，然后在相应的转写文字材料中将该相关语言用红色标出，在相关话语后面添加括号，在括号内添加序号，并简要说明您认为这些说法存在问题的理由。

比如这是给您的视频转写文字语料：

……（纯果肤立白）美白收缩液，瞬间收缩毛孔，越用越白。

马上来电免费试用，火速订购马上送你韩国的星级美白霜，无效退款……

167

您可以参照以下方式进行标注和解释：

……（纯果肤立白）美白收缩液，瞬间收缩毛孔（1. 真有那么快吗？其原理又是什么？会不会有什么副作用？感觉不太靠谱），越用越白（2. 能变多白?）。

马上来电免费试用，火速订购马上送你韩国的星级美白霜（3. 什么样的美白霜可以称作星级美白霜呢？跟普通美白霜有何区别？感觉比较模糊），无效退款（4. 使用无效的标准和依据是什么？退款怎么退?）……

Ⅲ. 以下是该视频转写语料，请仿照例子进行标注，并给出解释，谢谢您的帮忙。

男（语速飞快，说话具有极大的鼓吹性）：它！让韩国人告别白发！即使是 79、80 岁的老人，也是满头乌黑秀发。它！成为日本每个家庭的必备用品！日本人从不外出染发，用的是韩国人的最新科技，克服传统染发所有缺点，这就是黑姿全自动魔发梳！

女（语速飞快）：观众朋友们注意了！为了使白发患者使用后产品反馈，黑姿品牌作出惊天决定：折合人民币 400 元的黑姿魔发梳不花钱免费送！活动期间购买永久黑精华液还能再享受买一送一的优惠。每次黑发只需要几块钱，真诚希望您来电咨询！

女（现在接听消费者电话）：

——喂！

——这个魔发梳我在韩剧、日剧里面都看见过，真的免费送吗？

——是的！

——我听在日本的朋友说啊！这个魔发梳的价格在日本不便宜。

——您说得对！魔发梳在韩国官方网站的报价是 6.6 万韩元，日本商场里的售价是 6 600 日元，折合人民币是 400 元。

——哦！这么贵的东西你们真的是免费送吗？

——是的！这个产品刚进入中国市场，为了使白发患者使用后有更好的产品反馈才有这样的赠送活动。

——哦！原来是搞活动啊！这样的好事都让我碰上了！赶紧给我订一套吧！

画外音（语速飞快）：黑姿全自动魔发梳，韩国最新科技，克服传统染发所有缺点。传统染发只是表面涂涂抹抹，无法从根本上解决白发问题，全自动魔发梳从内到外，全部黑发！传统染发搅拌、涂抹、加热需要几个小时，全自动魔发梳只需梳一下，白发全部变黑。传统染发需要先水洗，全自动魔发梳不用洗头，干发即刻变黑；传统染发多出污秽，全自动魔发梳不黏头发不脏手不脏衣领；传统染发局部白发也要全部染，全自动魔发梳哪里白梳哪里，只要轻轻一梳，白发立刻变黑。立即电话，折合人民币 400 元黑姿全自动魔发梳不要钱免费送！黑姿全自动魔发梳配合黑姿使用效果更好！黑姿永久黑拥有纯度 99.8% 的亚马逊黑姿素，再加上首乌、黑芝麻等 17 味名贵中草药精华，只需要 1 秒钟，黑姿素因子立即进入头发内部，同时营养素还能深入发根毛囊，恢复黑发的头皮营养源毛乳头，一个疗程恢复 36%，两个疗程 68%，三个疗程 100% 完全恢复！魔发梳免费送！永久黑买一送一！黑发从此只需几块钱！

女（接通消费者电话）：

——喂？

——白头发变黑每次真的只需几块钱？

——没错！

——我头发根上的白头发长得特别快，一个月就要染一次，太差的药水不敢用，一个月 200～300 元。

——一个月 200～300 元，一年不就要 3 600 元？那十年呢？

——不算不知道，一算都能省下一台小汽车了！还有，前面还说它是天然的吧？

——对！它含有 17 味名贵中草药精华。

——那就好！以前染头发最怕里面的化学成分，每次染完头皮都痒痒的。

——这一点您完全放心，我们拥有全国权威报告，保证不含苯、铅等化学成分，您完全可以放心使用！

——哦！全自动魔发梳免费送的，以后每次染发只要几块钱，而且天然、安全，真的很不错！马上给我订一套吧！

——好的！

——喂！

——你们的电话可真难打呀！我想确定一下那个全自动魔发梳真的免费送？

——对的！不仅全自动魔发梳免费送，而且专用的黑姿精华液还买一赠一！

——买一套精华液多少钱啊？

——我们这套黑姿精华液含有 17 味名贵中草药精华，梳一下，就立刻黑发，现在只要 299 元，而且买一送一，相当于每次染发只需要几块钱！

——一次只要几块钱？那的确很实惠！那玩意用起来不满意怎么办？

——100% 无条件随时退货！

——三天可以退，一周可以退，一个月也可以退。

——那我就放心了！早点给我发货啊！

女消费者 1 告白魔发梳：我收到了，魔发梳真的不要钱，永久黑还买一送一，真是太实惠了！

男消费者 1 告白魔发梳：魔发梳我也收到了，以后黑发只要几块钱，这样高科技的魔发梳竟然不花一分钱，每次出门只要梳一下，头发立刻变黑，要多方便有多方便！

女消费者 2 告白魔发梳：以前就算是只有一点点白头发也要全部染，又麻烦又花钱，现在有了全自动魔发梳，哪里有白头发就梳一下，特别省事！

男消费者 2 告白魔发梳：用了不到两个疗程，头发根长出了黑头发，现在全都是自然长出的黑头发，多好看，多有精神！

画外音：为使白发患者使用后有更好的产品反馈，最新韩国科技，折合人民币 400 元的黑姿全自动魔发梳不花钱免费送，黑姿永久黑买一送一，黑发每次只需几块钱，每档只限 30 位，马上拨打免费热线吧！梳一下，立即满头黑发！梳一下，一生没有白发！梳一下，永远青春焕发！告别染发，轻松黑发，黑姿永久黑！

Ⅳ. 对该视频有任何其他想法，欢迎在以下空白处谈一谈，您的任何意见对本次调查都有重要帮助，非常感谢您的配合！

部分电视直销广告视频
转写语料

1. 雪泡瘦

主持人：李妈妈说她要减肚子，这是很多生过宝宝的妈妈们的困惑，来，两位老师请给出你们的方案。

男：我建议她做仰卧起坐，每组 50 个，每天 6 组，只要 5 个月，我保证她肯定能达到满意的效果。

女：还是用雪泡瘦剧烈运动加速剂，喷肚子，然后每天做两个仰卧起坐，一个月或者更短的时间就可以。

主持人：那我们一天内使用两次就可以了，只要一个月。好，两位老师刚刚已经给出了各自的方案，现在我们请出最美丽的妈妈李×，来，有请。李×，30 岁，身高 163 厘米，现在的体重是 50 公斤，是一位伟大的妈妈。

李×：大家好！

主持人：这么瘦的腰身还这么紧实，这怎么可能是生过孩子的妈妈的肚子啊，太令人惊讶了。大屏幕里是你什么时候？

李×：这个大屏幕上当然是 20 天之前，那个时候我是 130 斤，那个时候肚子鼓鼓的。

主持人：你那个时候肚子是鼓鼓的，可是才 20 天，怎么可能！赶快掌声鼓励，来来来。一定要热烈的掌声鼓励。因为李×真的是短短 20 天减了 30 斤，你能告诉我们快速瘦身的秘诀？

李×：雪泡瘦剧烈运动加速剂。

主持人：在这之前有没有尝试过其他的减肥方法呢？

李×：减肥方法有很多，如刚才教练说的那个做仰卧起坐，那我也是，我做完之后肚子肌肉非常疼非常辛苦，我实在坚持不下来。那么还有吃减肥药啊节食啊，我都不敢尝试，因为我还要给宝宝喂奶，所以我就只能用这个雪泡瘦了。

主持人：我想知道你在用雪泡瘦的时候最大的感受是什么？

李×：胖的时候会有橘皮纹，然后我就用了一次，就用了一次，橘皮纹就不见了。

主持人：一次哦。

李×：对，用的时候呢你会看到肥肉在抖，脂肪自己在做运动。而我每次差不多持续 2 个小时。你想想，3 个星期，差不多 20 天，我就瘦了 30 斤，那就相当于说，我每天用 3 次，也就是说每天脂肪持续 6 个小时在做运动，不间断地仰卧起坐，结果真的瘦了。

主持人：让我们感谢李×传授减肥经验，减肥成功。雪泡瘦上市一周年，千万个胖妈妈变身成功，一瘦再瘦，感恩回馈，升级版一瓶雪泡瘦功效顶两瓶，只要 99 元，加加加，功效加两倍，瘦瘦瘦，瘦了还要瘦，想瘦哪里加倍瘦，限量 100 组，马上就卖空，升级不加价，认清防伪商标，认清加强型，雪泡瘦，让你 20 天就减掉 30 斤，那么你还在等什么，抢啊抢啊抢啊，现在买，马上瘦。

雪泡瘦减肥大挑战。现在，请你慢跑起来，看，脂肪热感仪有反应了，全身都是红色，这说明脂肪开始消耗。好，现在停下来。看，只要是停止运动，全身的脂肪就会停止运动和消耗，现在，给她在大腿、肚子、手臂都喷上雪泡瘦。雪泡瘦剧烈运动加速剂，用空气爆炸产生的巨大压力，把绿咖啡豆、马蹄叶等多种天然脂肪分解素强压到脂肪深层，这时，只要你轻微动一下，所有用过雪泡瘦的地方马上就会发挥巨大的脂肪消耗反应。好，回到跑步机，来，只要你走，不用跑，脂肪依然在运动，依然在消耗，持续两小时，脂肪消耗完了就随正常的新陈代谢排出体外。

嘿，如果你想瘦的话，就要像李×一样大胆去尝试雪泡瘦，而且本档节目特别推荐，超值优惠，仅仅需要 99 元，99 元就能拥有雪泡瘦，心动的话赶快拿起电话，拨打我们屏幕下方的热线订购吧。

短短 15 天，雪泡瘦让她减掉 20 斤。

消费者：这瘦回来的感觉就是好，我瘦下来的时候，我感觉整个人轻松了，什么衣服想穿就穿，当别人向我投来那种羡慕的眼光的时候，我整个人感觉特别的满足。

主持人：短短 20 天，让李×减掉 30 斤。

李×：因为瘦了，想穿就穿，老公又抱我了。和朋友一起逛街，走在马路上，再也不会觉得自己像小丑了，重新找回了自信。是雪泡瘦让我真的瘦了，因为我瘦了，所以我真的快乐了。

2. 纯果肤立白

永久绝毛，告别脱毛。

全身脱毛，只需要一次性选择，纯果肤立白。

纯果肤立白，一擦就净白，体毛不再来。

纯果肤立白，一擦又净白，全身亮起来。

注意，现在看到的不是普通脱毛膏，不是普通增白，而是今年轰动美容界的永久脱毛美容产品——纯果肤立白！（快速音乐，男性配音，很具煽动性）

女（试用者）：好厉害啊，真的变白了。我再也不用脱毛了。

画外音：纯果肤立白！脱毛，美白，双重效果。纯果肤立白脱毛膏，拖出体内垃圾，一擦就白。

女（试用者）：太不可思议了，真的一擦就掉，这一幕都能擦掉。太厉害了！

画外音：美白收缩液，瞬间收缩毛孔，越用越白。

女（试用者）：毛孔都看不见了。

画外音：能把晒出的领口印、袖口印、裙带印、手表印、裤腿印、凉鞋印通通擦掉。

女（试用者）：它真的能永久脱毛、永久净白吗？

画外音：对，连续使用三个疗程，汗毛就会一次比一次细，皮肤一次比一次白，三个疗程不再长出新的体毛。

女（试用者）：一身体毛都脱掉，全身白到你尖叫。手白了，腿白了，脸白了，连毛孔都白了。脸白了，肚子白了，就连最烦人的鸡皮肤、粗皮肤现在都白了。

画外音：纯果肤立白脱毛膏，免费试用，三个疗程，永久脱毛。快来抢购，就送风靡韩国星级美白霜，美白遮瑕，一次搞定。马上来电，免费体验。

女（主持人）：哇！真的好多毛啊！只要涂上厚厚的一层，等待五分钟后擦掉就行了。不要眨眼睛哦！

女（试用者）：哇！怎么可能，怎么会擦掉呢！好明显啊！现在我们请到一位"美眉"，她想试试腿上的效果。

哇！真的好浓密啊！五分钟时间到，3，2，1，这个发明太伟大了！

哎！好滑呀！我以后再也不要穿丝袜了！

画外音：不用反复剃毛，不用反复拔毛，主要使用纯果肤立白，就可永久绝毛。现在订购，可免费体验脱毛美白，使用后无效免费退款。

女（试用者）：上车的时候啊，好多女孩子都害怕去抓拉手，因为一抬手，这样，这样，怎么能见人呢！

女（主持人）：下面这段时间我们就要麻烦这位女士为我们示范一下，纯果肤立白！来，3，2，1！

女（试用者）：黑色不见了哎！还是滑的！我们再涂上收缩毛孔的美白液！

女（试用者）：比我的都白！

画外音：永久绝毛，告别脱毛，全新净白，立起来！全新脱毛，免费试用，有用就付款，纯果肤立白。

女（主持人）：那这种皮肤呢？俗称鸡皮肤，摸上去疙疙瘩瘩的，很扎手。

女（试用者）：像我这种皮肤可以吗？我们来试试看！

女（主持人）：好啊好啊！哇！擦出好多垃圾哦！有没有发现毛孔真的变细了！好滑呀！又白又滑！我做梦都想有这样的皮肤！

画外音：请注意，请注意，您现在看到的不是普通的脱毛膏，不是普通增白剂，而是今年最轰动美容界的永久脱毛美容产品——纯果肤立白。拥有毛囊净白配方，一次性去空皮下3毫米根部毛囊，15分钟脱毛，3分钟净白，连续使用，皮肤一次比一次细，皮肤一次比一次净白，三个疗程不再长出新的体毛，永久绝毛，全身白！马上来电免费试用，火速订购马上送你韩国的星级美白霜，无效退款。纯果肤立白，特点一：永久绝毛，告别脱毛。普通刮毛刀，越刮越粗，普通脱毛膏，脱了还长。永久绝毛，告别脱毛。不留痕迹的就是纯果肤立白。特点二：立即净白，全身净白，最不可思议的是，它能把晒出的领口印、袖口印、裙带印、手表印、裤腿印、凉鞋印通通擦掉。马上白皙，不留痕迹。特点三：它对鸡皮肤有抛光的美白产品，软化毛孔的独特配方，让顽固粗糙的鸡皮肤，能马上平滑，马上亮白。

女（试用者）：长这么大，从来都没有这么白，这么滑过。

画外音：永久绝毛，告别脱毛，全身净白，一生只要一次选择——纯果肤立白。成果显著，电话订购，马上体验。白这里，白这里，白这里，白这里，纯果肤立白，一次解决汗毛浓密、皮肤暗沉、角质堆积、毛孔粗大、晒伤晒痕五大问题，三个疗程，不再长出新的体毛，永久绝毛，全身白。你想拥有白皙如滑的腋下吗？你想拥有丝滑净白的小腿吗？想秀出迷你裙、吊带衫、露背装吗？一起来，脱毛美白，免费试用，我们郑重向您承诺，五分钟内不脱毛就退款，不美白就退款，不退黑就退款，现在抢购就送风靡韩国的星级美白霜，美白遮瑕，一次搞定。马上来电，免费体验。反正免费试用就能变白，为什么不试一试呢？一身体毛全脱掉，真是白到你尖叫。纯果肤立白！

3. 任仲传风痛康膜

一个两次申报诺贝尔奖的医学科技，风湿骨病泰斗任仲传，高超仁术，惠及百姓，医道大爱，温暖世人。名医任仲传，为您讲述传统膏药的华丽转身。液体膏药抗骨病。

中国膏药，相传 5 000 年，可你见过液体膏药吗？它的超强渗透和生物膜技术两次申报诺贝尔医学奖。这种液体膏药的发明人就是名医任仲传，因其治疗风湿骨病的独特疗效，被百姓称为任仲传风湿圣贴。

主持人：在我手中厚厚的这一本便是中国东方之子——世界名医录。其中记载了一位从天津卫走出的世界 500 名中医传人任仲传。欢迎名医大家任仲传教授以及第四代传人任静宜女士。

任仲传：我从 16 岁就开始随着父亲学习医学，并且拜了几位在当时很有名气的老师为师，白立南白先生，金梦先金老先生，拜针灸的老师，张效忠张老，以及何世英何老先生，这些老师他们都出于对病患者的关心，毫不保留地把他们丰富的经验传授给我。

主持人：你觉得你的父亲给你最大的影响是什么？

任仲传教授之女任静宜：我父亲为人低调，他是世界 500 名名中医之一，向来从不向人炫耀，然后咱天津的名医张大宁是第三期的，是我父亲的师弟，石学敏是第一期带徒班的学生，是我父亲的师兄，无论是谁上门来看病的，别管几点，不管多忙，患者就是第一位的。

任仲传：像风湿类的疾病，我们中医管它叫作痹症，先有了第一代的药叫作糊药，把中药研成末和醋调和到一块，糊在人疼痛的部位上；第二代呢就变成了黑色的膏药；第三代呢又变了，变成了像风湿去痛膏一样，白色的膏药。我们今天所搞的这个比那个更先进了，把这个药物提纯，提出来之后呢又和一种渗透剂加在了一块，说你这个地儿疼吗？疼。当时给你抹上形成一层薄膜，通过皮肤表面直接渗入人的骨骼上、筋腱中，拿我们中医讲话，经络中，七八分钟开始发凉，过了十分钟开始局部药的底下就发热，到十五分钟，使人的疼痛马上就止住了。疗效既突出又方便，为我们中国人在世界上又迎来了一分骄傲。

（掌声）

主持人：目前在市场上有很多贴剂和口服药物，任仲传风痛康膜和它们有哪些区别呢？

试用观众：滚珠啊往上一滚还挺好，这个有一种渗透作用。一抹上，凉飕飕的。往里渗是吧。哎，刚才是水现在变成膜啦，真是液体膏药啊！抹的时候是黄的现在变白了，可能是药物吸收了吧。

任仲传风痛康膜，高吸收，高渗透，使用方便，骨关节疼痛处反复擦拭3~5分钟，自干成膜；20分钟，疼痛消，红肿消，酸麻消，僵直消，全身立马就轻松；不耐药，不成瘾，不污染衣物，不过敏，24小时持久起效；荣获5项国家专利、12项大奖，26个国家与地区学术认证。

任仲传：在"文化大革命"当中啊，家中被抄，老父亲遗留下来的那些宝贵的东西手写体的，拿毛笔写的。有些个方药，其中有一味呢，有一种药治疗风湿痛33味止痛散。这个处方原来的作用呢，就是散风、活血、理气、祛湿、止痛。现在呢，在这33味药的基础上，我们加入了透骨草、伸筋草、苏木，它向体内渗透的作用加强了，疗效就更加突出了。

1997年，开展生物工程研究的天津南开在人体皮肤吸收力学的研究上取得了突破，2001年成功发明了皮肤渗透技术，申报诺贝尔奖。2002年又发明了生物膜技术，再次申报诺贝尔奖。这两项发明成为任仲传风痛康膜的关键技术。任仲传风痛康膜在两大诺贝尔技术的支撑下，高科技药力和吸收力大大提高，疗效超过口服药物和传统贴剂20倍，24小时持续治疗，愈后不易复发，权威鉴定结论，国际首创，国内领先。

韩××（原天津市市长特派员）：任仲传这个院长啊，把一些传统医学的东西和民间的一些验方，包括现代化的一些药性药理的研究结合起来，变成他自己的东西。

唐××（天津市书法家协会主席）：诊脉非常准确，判断非常准确，对病人病情的发展趋向的结论也非常准确。

段××（著名漫画家）：以精湛的技术救治了很多患者，包括国内的患者和国外的患者。

职××（天津中医药研究院信息所所长）：咱们中医界，现在来说不可多得的国宝级的这么一个人物。

主持人：今天呢我们非常高兴地邀请到了部分患者朋友。

（掌声）

患者：因为我16岁参加工作，进工厂就是做砖，重体力活累得关节、浑身上下所有的关节，膝盖、肩膀、胳膊肘，凡使劲的地方，这个腰都受到伤害了，越来越疼。它疼到了什么程度，根本就站不起来了！我说坐下吧，你站起来，就这样待着，腿直不起来。上楼拽着楼的两边扶手，你不拽着根本上不去。这20多年攒的钱全看病了。原来走路这么走，腰椎病人，坐下你站不起来。等抹了两三天以后，站起来了。我说继续抹，行动自如了，吃饭喝水都自己来了。我就一心想见见这位任仲传老先生，他属于你再生父母了。我从清河那坐城铁一直坐到大钟寺这，我就走着过来的，一直到演播室。这充分说明一点，这个病完全好了。

李××（云南大理人，颈椎病）：我主要是颈椎不太好，已经有七八年了，最严重的时候，那时候晕倒过两次，我手指尖和脚跟都开始麻了，早晨起来穿衣服都不能穿了。任仲传教授的这个风痛康膜，一开始感觉凉凉的，过了几分钟以后再一摸，也好像可以揭起来，有好薄的一层膜。20分钟以后，颈椎这个地方就特别热，然后就感觉好像不疼了，感觉头也不晕了，真的，当时特别高兴……

（掌声）

周×（河北唐山人，腰椎间盘突出）：我呢是一名工人，争强好胜，干活不小心把腰给扭伤了，照片里我都上不了那个床，那个大夫说你坐后排去吧，看能不能，再挺一会。这不行，我这病我受不了，我疼得睡不了觉啊，只能这么趴在跪在床上这么睡觉。侧着也不行，仰着也不行，大夫说让做手术，我说不能做，我说还是坚持保守治疗吧。治了一阵还是不行，这个有一次看电视吧，看的这个宣传的任仲传风痛康膜，抱着试试看的态度，当时觉得不酸了，也不疼了，胳膊腿走路灵活了。然后我擦了有两个月，就是呢腰能够挺起来了，原来蹲下就起不来，上下楼拎东西不能超过 10 斤，我现在买米呢我 50 斤，"噔噔"地从一楼，我住三楼，"咣咣"我就上去了。

一个天津卫走出的世界名医，一个东方之子收录的中医大家，一个两次申报诺贝尔奖的医学科技，风湿骨病泰斗——任仲传，高超仁术，惠及百姓，医道大爱，温暖世人。名医任仲传，为你讲述传统膏药的华丽转身，液体膏药抗骨病，液体膏药，消肿痛、透皮擦骨、祛风湿，有效康复颈椎痛、腰椎痛、坐骨神经痛、风湿酸痛、类风湿僵直痛、肩周炎、骨质增生、滑囊炎、腰椎间盘突出。名医任仲传，正在播出。

2007 年的一天，任仲传的诊室来了一位中年男子，背着一名高烧昏迷不醒的妇女。只见她全身大小关节严重变形，情况十分危急。

任仲传：哎呀，可怜极了，她连门槛都迈不过去，全身的肌肉一摸都是硬的肿的。

丈夫：我媳妇的病好几年了，当时结婚的时候，我觉得她没啥大病能看好了。

十几年中，他们几乎跑遍了全国大小风湿医院，陈×仿佛坠入了人间地狱，全身几十个关节剜心剧痛，变形的手指甚至连碗都端不住。

丈夫：当时我是从电视上看到《东方之子》报道说任教授他能治这种病。

任仲传：我呢表面给他用了外治法的药，同时又加上内治法的药。

任仲传教授开始给陈×擦拭自己发明的风痛康膜。

陈×：擦上了一小会，我觉得热气往皮肤里头渗，一直渗到骨头里，觉得关节不疼了，手也不疼了，就觉得啊，这个药确实有效果，我就继续擦，擦了有半个月是吧，半个月以后啊这个都消肿了，这个关节往下蹲，干啥都不疼了。

主持人：陈×得病这些年欠了好多外债。

陈×：任大夫是好人，任大夫说你别走，这个病我一定要给你看好，最后人家把那个钱给俺掏了。

主持人：两个月过去了，陈×坚持擦拭任仲传风痛康膜，风湿控制良好，手脚功能得到恢复，能站起来了，什么都能干了。

陈×：我也希望把这个锦旗送给任教授……

四十载行医救人，任仲传就是风湿骨病患者心中的神。我们的镜头，捕捉的不是眼泪，是长者的淳厚及仁慈；我们的双眼，看到的不是未来，是救命大户的真情流露。一筐筐积攒多日的鸡蛋，一串串精心挑选的大蒜，一次次夹道的欢迎和泪洒的相送，包含着百姓对任仲传这位名医的信任和感激。任仲传，就是他们的恩人……

任仲传：凡为医生，性存温雅，举止和柔，无私忘尊，长幼妍媸，华衣玉友。

4. 黑姿魔发梳 + 永久黑

男（语速飞快，说话具有极大的鼓吹性）：它！让韩国人告别白发！即使是79、80岁的老人，也是满头乌黑秀发。它！成为日本每个家庭的必备用品！日本人从不外出染发，用的是韩国人的最新科技，克服传统染发所有缺点，这就是黑姿全自动魔发梳！

女（语速飞快）：观众朋友们注意了！为了使白发患者使用后有更好的产品反馈，黑姿品牌作出惊天决定：折合人民币400元的黑姿魔发梳不花钱免费送！活动期间购买永久黑精华液还能再享受买一送一的优惠。每次黑发只需要几块钱，真诚希望您来电咨询！

女（现在接听消费者电话）：

——喂！

——这个魔发梳我在韩剧、日剧里面都看见过，真的免费送吗？

——是的！

——我听在日本的朋友说啊！这个魔发梳的价格在日本不便宜。

——您说得对！魔发梳在韩国官方网站的报价是6.6万韩元，日本商场里的售价是6 600日元，折合人民币是400元。

——哦！这么贵的东西你们真的是免费送吗？

——是的！这个产品刚进入中国市场，为了使白发患者使用后有更好的产品反馈才有这样的赠送活动。

——哦！原来是搞活动啊！这样的好事都让我碰上了！赶紧给我订一

套吧!

画外音（语速飞快）： 黑姿全自动魔发梳，韩国最新科技，克服传统染发所有缺点。传统染发只是表面涂涂抹抹，无法从根本上解决白发问题，全自动魔发梳从内到外，全部黑发！传统染发搅拌、涂抹、加热需要几个小时，全自动魔发梳只需梳一下，白发全部变黑。传统染发需要先水洗，全自动魔发梳不用洗头，干发即刻变黑；传统染发都出污秽，全自动魔发梳不黏头发不脏手不脏衣领；传统染发局部白发也要全部染，全自动魔发梳哪里白梳哪里，只要轻轻一梳，白发立刻变黑，立即电话，折合人民币400元的黑姿全自动魔发梳不要钱免费送！黑姿全自动魔发梳配合黑姿使用效果更好！黑姿永久黑拥有纯度99.8%的亚马逊黑姿素，再加上首乌、黑芝麻等17味名贵中草药精华，只需要1秒钟，黑姿素因子立即进入头发内部，同时营养素还能深入发根毛囊，恢复黑发的头皮营养源毛乳头，一个疗程恢复36%，两个疗程68%，三个疗程100%完全恢复！魔发梳免费送！永久黑买一送一！黑发从此只需几块钱！

女（接通消费者电话）：

——喂？

——白头发变黑每次真的只需几块钱？

——没错！

——我头发根上的白头发长得特别快，一个月就要染一次，太差的药水不敢用，一个月200～300元。

——一个月200～300元，一年不就要3 600元？那十年呢？

——不算不知道，一算都能省下一台小汽车了，还有，前面还说它是天然的吧？

——对！它含有17味名贵中草药精华。

——那就好！以前染头发最怕里面的化学成分，每次染完头皮都痒痒的。

——这一点您完全放心，我们拥有全国权威报告，保证不含苯、铅等化学成分，您完全可以放心使用。

——哦！全自动魔发梳免费送的，以后每次染发只要几块钱，而且天然、安全，真的很不错！马上给我订一套吧！

——好的！

——喂？

——你们的电话可真难打呀！我想确定一下那个全自动魔发梳真的免费送？

——对的！不仅全自动魔发梳免费送，而且专用的黑姿精华液还买一赠一！

——买一套精华液多少钱啊？

——我们这套黑姿精华液含有 17 味名贵中草药精华，梳一下，就立刻黑发，现在只要 299 元，而且买一送一，相当于每次染发只需要几块钱！

——一次只要几块钱？那的确很实惠！那玩意用起来不满意怎么办？

——100% 无条件随时退货！

——三天可以退，一周可以退，一个月也可以退。

——那我就放心了！早点给我发货啊！

女消费者 1 告白魔发梳：我收到了，魔发梳真的不要钱，永久黑还买一送一，真是太实惠了！

男消费者 1 告白魔发梳：魔发梳我也收到了，以后黑发只要几块钱，这样高科技的魔发梳竟然不花一分钱。每次出门只要梳一下，头发立刻变黑，要多方便有多方便！

女消费者 2 告白魔发梳：以前就算是只有一点点白头发也要全部染，又麻烦又花钱，现在有了全自动魔发梳，哪里有白头发就梳一下，特别省事！

男消费者 2 告白魔发梳：用了不到两个疗程，头发根长出了黑头发，现在全都是自然长出的黑头发，多好看，多有精神！

画外音：为使白发患者使用后有更好的产品反馈，最新韩国科技，折合人民币 400 元的黑姿全自动魔发梳不花钱免费送，黑姿永久黑买一送一，黑发每次只需几块钱，每档只限 30 位，马上拨打免费热线吧！梳一下，立即满头黑发！梳一下，一生没有白发！梳一下，永远青春焕发！告别染发，轻松黑发，黑姿永久黑！

5. Absolution 360 健身器电视直销广告

让我们来看一下 AB 美体塑腹机的使用者见证。

哦，天呐，效果太好了，感觉就像是在坐摇摇椅，背部和颈部完全阿没有酸痛的感觉，就像是在做背部按摩！

你想拥有平坦结实的小腹或者穿上性感的比基尼么？我们向您郑重推荐 AB 美体塑腹机，它和其他的运动不同，它不会给您带来任何痛苦，而且使用起来简单有趣，并且十分有效，背部和颈部再也没有酸痛的感觉，你只要坐在坐垫上，每天只需运动 5 分钟就可以了。本世纪最有效的塑腹产品，因为使用它没有任何痛苦而且效果显著，让我们来看看以下使用者仅用一个月就达到的效果吧。

使用者 1：简直不可思议，AB 美体塑腹机简直太棒了，通过使用 AB 美体塑腹机，我的腰围整整少了 12 厘米，而且我能实实在在地看到效果。

它不仅仅是减少了腰围，而且塑身效果非常好，AB 美体塑腹机会很好地支起你的背部和颈部，弹簧支撑会帮助你运动，因为背部有泡棉支撑，它会帮助使用者做仰卧起坐的动作，这样减少了背部和颈部的受力，同时用柔软的泡棉支撑背部，整个运动过程就是在做按摩，您可以做仰卧的姿势，也可以侧着做。

使用者 2：它太有趣了，它完全解放了我的背部和肩，让运动不再枯燥，拥有 AB 美体收腹机，我更加享受运动过程。

AB 美体收腹机同时可以帮助您轻松进行普拉提训练。

下面，让我们看一下 AB 美体塑腹机和一般的仰卧动作作比较的结果，与一般的仰卧动作比较，用 AB 美体塑腹机锻炼，下腹部的运动量增加了 107%，同时它可以放在家中使用。下面，让我们来听听荷兰的超级模特珍妮特的看法。

模特：因为我工作的关系，保持完美身材是一件很辛苦但必须要做的事情。在这里，我极力推荐 AB 美体塑腹机，因为它让我有效地避免了在锻炼过程中颈部和肩部所承受的压力，且在锻炼的同时，AB 美体塑腹机还可以对背部进行按摩，我可以选择适合自己的锻炼模式，并且使用赠送的教学光盘进行腹部锻炼。锻炼后，AB 美体塑腹机可以轻松折叠，并直接放入床底下就可以了。

在进行这种运动时，有许多人会有背部和颈部受累的问题，但是我们的这款产品有背部支撑和弹簧支撑，它完全使普拉提动作变得简单，且不痛苦。这些运动可以完全地锻炼到您的腹部。

使用者3：我之前是去俱乐部，通过专业器械锻炼普拉提，但我现在可以在家里做了。在过去，我锻炼时，背部会被拉伤，弄伤我的肩，感到疼痛，而且根本锻炼不到腹部。我喜欢 XY 美体塑腹机，因为它让整个活动过程变得更容易，而且它可以协助完成普拉提课程，非常有效。

最近，美国得克萨斯州的某大学对美体收腹机的健美效果进行对比分析，就一般的仰卧动作而言，下腹部的运动量增加107％，而颈肩部所受的压力减少了59％，而通过普拉提动作的检测，结果显示，下腹部的运动量增加了233％，而颈肩部所受的压力减少了61％。所以，用 AB 美体塑腹机锻炼普拉提可以为您的身体减轻不少压力。

每天5分钟，您将会拥有健美的身材，再配上我们提供的教学光盘进行锻炼，您就会看到效果，专门配备的教学光盘指导，就像为您配了私人教练，您现在可以轻松地做普拉提了，背部的泡棉还会有按摩的效果呢，现在行动起来，就让您的私人教练为您健身吧。

6. 法国芬滋巢

女人衰老，先老卵巢，法国芬滋巢，养巢型，护巢型，补巢型，全面滋润女人的卵巢，延缓女人的衰老。

女人的年龄，卵巢说了算！我们十年只做一件事，专注女性卵巢健康。我们的产品全球超过一亿女性在使用。我们最新研究，并首推"养巢抗衰"理念。我们专业养巢配方获国家专利保护。我们获得国家"纯天然、零激素"证书。

正常有规律的月经是卵巢健康的标志，受月经紊乱困扰的女性，不仅老得快，还容易患妇科疾病，绝经的年龄也比别人早。坚持服用芬滋巢可帮助女性推迟绝经，绝经一年以内只要卵巢还有存活的卵泡，重新恢复月经的概率很高！

更年期是女性绝经前的过渡期，更年期症状越明显的女性，卵巢萎缩程度越严重，此时若不及时养巢，将加快衰老速度。芬滋巢能有效改善月经不调、失眠心烦、潮热盗汗、情绪抑郁等更年期综合征，帮助女性平稳度过更年期。

全效植物精华萃取，靶向抵达卵巢，排毒、修复、润养三步走，促进卵巢微循环，修复卵巢受损细胞和萎缩组织。芬滋巢能全面调理内分泌，让卵巢重新得到滋养，从根源上让女性由内而外更漂亮、更年轻、更健康！

王××（高级营养师）倾情推荐：女性保养之根源还是在卵巢，这和男人补肾是一个道理。25 岁以后女人就有必要关注卵巢健康了。卵巢若不好，将直接影响全身健康。对于女人来说，选择一款好的卵巢保养品至关重要。

许×（高级营养师）倾情推荐：女性随着年龄增长，身体内各种营养开始流失，真正懂得保养的女性都会有意识地保养卵巢，因为她们明白卵巢对于女人的重要性。

消费者 1：吃了芬滋巢以后，现在经期非常准时，之前的心烦气躁、潮红潮热，心慌头晕、失眠乏力等现象也明显减轻。

消费者 2：吃了姐妹们推荐的芬滋巢，不再痛经，更让人意外的是皮肤变得超好，发质也好了，现在拍照根本不需要 PS！偷偷爆个料，很多女明星也在吃芬滋巢哦。

法国芬滋巢养巢型，适合 18～30 岁女性服用，祛除黑眼袋，消灭青春痘，脸色变白皙，月经有规律。

法国芬滋巢护巢型，适合 30～40 岁女性服用，祛除色斑，抹掉皱纹，胸部上挺，腰围变瘦，妇科疾病全赶跑。

法国芬滋巢补巢型，适合 40 岁以上女性服用，润肠通便，改善睡眠，推迟女性更年期，不烦不躁，心情舒畅，延缓衰老。

分年龄，润卵巢，法国芬滋巢，滋润女人的卵巢，延缓女人的衰老，独家专利，四大认证，法国芬滋巢，大品牌，信得过。

参考文献

一、中文

[1] 白海瑜, 惠春琳. 模糊语的语用功能及其语用失误 [J]. 西安外国语学院学报, 2004, 12 (3).

[2] 白云. 基于合作原则的模糊语言语用功能研究 [J]. 华中师范大学学报 (人文社会科学版), 2011 (3).

[3] 曹钦明, 赖淑明. 广告语中模糊修辞的语用功能 [J]. 广西社会科学, 2005 (6).

[4] 曾衍桃. 词汇语用学引论 [J]. 外语学刊, 2006 (5).

[5] 曾征. 英语商业广告中模糊限制语的语用功能分析 [J]. 贵州师范大学学报 (社会科学版), 2009 (4).

[6] 陈春华. 顺应论和关联论: 两种语用观的比较 [J]. 四川外语学院学报, 2003 (2).

[7] 陈丽霞. 语用顺应论视角下的翻译研究新探 [J]. 江西社会科学, 2006 (11).

[8] 陈新仁, 陈娟. 模糊性商业广告用语的批评语用分析 [J]. 外国语言文学, 2012 (4).

[9] 陈新仁. 模糊语义研究的现状与未来: 兼评石安石与符达维关于模糊语义之辩 [J]. 外语学刊, 1993 (1).

[10] 陈新仁. 试论语法结构的模糊性 [J]. 解放军外国语学院学报, 1993 (5).

[11] 陈新仁. 国外词汇语用学研究述评 [J]. 外语研究, 2005 (5).

[12] 陈新仁. 批评语用学: 目标、对象与方法 [J]. 外语与外语教学, 2009 (12).

[13] 陈新仁. 批评语用学视角下的社会用语研究 [M]. 上海: 上海外语教育出版社, 2013.

［14］陈新仁. 基于谚语理解的语用充实新探［J］. 外语教学与研究，2017（6）.

［15］陈新仁. 商业广告"身份套路"的批评语用分析［J］. 山东外语教学，2018（5）.

［16］陈亚莹. 电视直销购物中的伦理思考［J］. 商业文化，2012（1）.

［17］陈治安，文旭，刘家荣. 模糊语言学概论［M］. 重庆：西南师范大学出版社，1997.

［18］董成如. 词汇语用学的认知视角：话语中词义缩小和扩大的图式范畴化阐释［J］. 现代外语，2007（3）.

［19］董印其. 广告语中模糊修辞的语用功能［J］. 平顶山学院学报，2009（4）.

［20］樊文娟. 消费心理学［M］. 北京：中国纺织出版社，1998.

［21］冯茵，周榕. 学术论文摘要中模糊限制语的调查与分析：基于英语专业毕业论文与国外期刊论文的对比研究［J］. 外国语言文学，2007（2）.

［22］付蓉. 电视直销广告问题及发展探究［J］. 学习月刊，2011（2）.

［23］高洁英. 法庭回答中模糊限制语的关联理论研究［J］. 暨南学报（哲学社会科学版），2012（6）.

［24］戈玲玲. 顺应论对翻译研究的启示：兼论语用翻译标准［J］. 外语学刊，2002（3）.

［25］耿黎辉. 消费心理学［M］. 成都：西南财经大学出版社，2004.

［26］贡灵敏，蒋跃. 英汉化妆品广告中模糊词使用的对比分析［J］. 中美英语教学，2007（1）.

［27］郭立秋，王红利. 外交语言的精确性与模糊性［J］. 外交学院学报，2002（4）.

［28］韩曙光，刘宇慧. 模糊限制语的语用功能探析［J］. 辽宁工程技术大学学报（社会科学版），2007（6）.

［29］何自然. 再论语用含糊［J］. 外国语，2000（1）.

［30］何自然，张淑玲．非真实性话语作为语用策略的顺应性研究［J］．外国语，2004（6）．

［31］何自然．模糊限制语与言语交际［J］．外国语，1985（5）．

［32］何自然．论语用含糊［J］．外国语，1990（3）．

［33］何自然．浅论语用含糊［J］．外语教学，1993（4）．

［34］胡旭辉，陈新仁．批评语篇分析的关联视角［J］．外语学刊，2014（1）．

［35］黄丽华．网络英语广告语言的语用模糊［J］．湖北经济学院学报（人文社会科学版），2010（8）．

［36］贾梦琦．房地产广告的批评性话语分析［J］．语言研究，2012（3）．

［37］贾玉洁．从修辞学角度审视广告英语的模糊现象［J］．商场现代化，2006（1）．

［38］蒋慧．广告英语中的会话隐含［J］．牡丹江教育学院学报，2008（4）．

［39］蒋婷．论学术英语中的情态模糊限制语：一项基于语料库的研究［J］．外语电化教学，2006（4）．

［40］蒋婷．立法语言情态模糊限制语的实证研究［J］．暨南学报（哲学社会科学版），2012（6）．

［41］景晓平．语言顺应论视角下的新闻话语转述研究［D］．南京：南京大学，2010．

［42］蓝希君，汪远琦．从顺应论角度看广告中模糊语言的表现形式及动机［J］．湖北第二师范学院学报，2009（12）．

［43］雷桥．互联网背景下新媒体广告的网络营销策略［J］．新闻战线，2017（22）．

［44］黎千驹．模糊语义学导论［M］．北京：社会科学文献出版社，2007．

［45］李萍，郑树棠．中英模糊限制语语用功能探究［J］．安徽大学学报，2005（1）．

［46］李瑞．合成空间理论对外交模糊语言的认知解析［J］．外语教学，2012（4）．

［47］李晓明. 模糊性：人类认识之谜［M］. 北京：人民出版社，1985.

［48］梁小芳. 批评性话语分析在化妆品广告中的应用［J］. 社科纵横（新理论版），2012（1）.

［49］廖东红. 论英汉广告语言的模糊修辞美［J］. 新余高专学报，2005（4）.

［50］林波，王文斌. 从认知交际看语用模糊［J］. 外语与外语教学，2003（8）.

［51］林波. 语用模糊的动态初探［J］. 宁波大学学报（人文科学版），2000（4）.

［52］林凡. 论模糊语言在英文房产广告中的运用［J］. 淮海工学院学报（人文社会科学版），2018（2）.

［53］林亚军. Fairclough 的话语观：引进与诠释［J］. 外语学刊，2008（5）.

［54］刘娜. 关联理论对英语广告模糊限制语的解读［J］. 吉林广播电视大学学报，2011（2）.

［55］刘圣儒. 违法电视直销广告的法律规制［J］. 牡丹江大学学报，2011（1）.

［56］刘蔚铭. 法律语言的模糊性：性质与成因分析［J］. 西安外国语学院学报，2003（2）.

［57］罗子明. 国内消费者心理研究概况［J］. 北京工商大学学报（社会科学版），2003（3）.

［58］马毅.《模糊语义问题辨述》的辨述［J］. 现代外语，1992（3）.

［59］苗东升. 论模糊性［J］. 自然辩证法通讯，1983（5）.

［60］苗东升. 模糊学导引［M］. 北京：中国人民大学出版社，1987.

［61］倪莉，常洲. 电视直销广告降低消费者风险意识策略初探［J］. 现代商业（市场营销），2009（2）.

［62］聂志红，崔建华. 消费者行为学教程［M］. 北京：经济科学出版社，2005.

［63］欧阳巧琳. 模糊语言在广告中的语用功能［J］. 理工高教研究，2002（4）.

［64］庞建荣. 法律语言中的语用模糊［J］. 外国语言文学，2003（4）.

［65］钱永红. 非法电视直销广告中的模糊话语研究：批评语用学视角［D］. 南京：南京大学，2014.

［66］钱永红. 网络电信诈骗话语中虚假身份建构的顺应性阐释［J］. 浙江外国语学院学报，2019（5）.

［67］冉永平，方晓国. 语言顺应论视角下反问句的人际语用功能研究［J］. 现代外语，2008（4）.

［68］冉永平. 词汇语用学及语用充实［J］. 外语教学与研究，2005（5）.

［69］冉永平. 论词汇信息的松散性及其语用充实［J］. 外语研究，2008（1）.

［70］沈星辰，陈新仁. 广告语言中指称模糊的认知语用解读：以汽车广告为例［J］. 当代外语研究，2015（9）.

［71］石安石. 模糊语义及其模糊度［J］. 中国语文，1988（1－6）.

［72］石安石. 语义研究［M］. 北京：语文出版社，1994.

［73］宋志平，唐邦海. 渐变：探讨语法中模糊现象的新途径［J］. 外语学刊，1991（1）.

［74］孙飞凤，阳方玲. 医患模糊限制语的（不）礼貌分析［J］. 医学与哲学，2016（11）.

［75］孙飞凤. 零碎话语理解的语用充实研究［J］. 东北师大学报（哲学社会科学版），2011（6）.

［76］孙然. 广告英语中的模糊语言及其汉译策略［J］. 山东外语教学，2010（6）.

［77］孙智慧. 词汇语用学和多义词的语用充实［J］. 安徽农业大学学报（社会科学版），2009（4）.

［78］汤洪波. 论法律语言的模糊性及其成因［J］. 法制与社会，2011（8）.

［79］田海龙. 语篇研究的批评视角：从批评语言学到批评话语分析

［J］．山东外语教学，2006（2）．

［80］田海龙．话语研究的语言学范式：从批评话语分析到批评话语研究［J］．山东外语教学，2016（6）．

［81］王逢鑫．英语模糊语法［M］．北京：外文出版社，2001．

［82］王建国．从语用顺应论的角度看翻译策略与方法［J］．外语研究，2005（4）．

［83］王琳．电视购物须以诚信为生命［J］．当代电视，2013（1）．

［84］王晓伟．电视直销业存在的问题及对策［J］．黑龙江对外经贸，2005（2）．

［85］王雄，秦浩源．电视直销缘何出现信任危机［J］．市场分析，1995（2）．

［86］韦汉．广告误导推理的认知心理机制［J］．解放军外国语学院学报，2001（4）．

［87］魏小璞．法律英语的模糊现象及其翻译［J］．西安外国语学院学报，2005（2）．

［88］魏欣欣．批评性话语的理论基础与分析方法［J］．东南学术，2010（1）．

［89］温雅琴．模糊语言在英语广告中的语用分析［J］．山东农业大学学报（社会科学版），2010（1）．

［90］吴会娟，甘代军．医患叙事中的模糊限制语研究［J］．医学与哲学，2016（11）．

［91］吴世雄，陈维振．中国模糊语言学：回顾与前瞻［J］．外语教学与研究，2001（1）．

［92］吴伟军．电视广告语的批评话语分析［J］．新闻爱好者，2012（2）．

［93］吴亚欣．"含糊"现象在广告中的利与弊［J］．修辞学习，2002（1）．

［94］吴亚欣．语用含糊：汉语言语交际的策略［M］．太原：山西人民出版社，2004．

［95］吴旖旎．我国电视购物发展对策分析［J］．青年记者，2012（2）．

［96］伍铁平. 模糊语言初探［J］. 外国语, 1979（4）.

［97］伍铁平. 再论语言的模糊性［J］. 语文建设, 1989（6）.

［98］伍铁平. 模糊语用学综论［J］. 西南师范大学学报（哲学社会科学版）, 1997（2）.

［99］伍铁平. 模糊语言学［M］. 北京: 中国社会科学出版社, 1999.

［100］项成东. 歧义的语用研究［J］. 外语教学, 2002（4）.

［101］肖唐金. 模糊语与法庭权势之争［J］. 江西社会科学, 2006（5）.

［102］肖云枢. 法律英语模糊词语的运用与翻译［J］. 中国科技翻译, 2001（1）.

［103］辛斌. 批评语言学: 理论与应用［M］. 上海: 上海外语教育出版社, 2005.

［104］徐盛桓. 当代语言学研究的一些趋势［J］. 外语教学, 1992（4）.

［105］徐学平. 顺应论与语用距离［J］. 外国语言文学, 2005（2）.

［106］徐云珠. 原型理论和半情态动词语义学［J］. 外国语, 1995（3）.

［107］徐章宏, 何自然. 模糊限制语的去模糊化功能探析［J］. 当代外语研究, 2012（7）.

［108］许丽娜. 从批评性语篇分析角度浅析现代商业广告［J］. 重庆邮电学报（社会科学版）, 2012（6）.

［109］杨惠英. 维索尔伦的语用顺应论与翻译的选择和顺应［J］. 兰州大学学报（社会科学版）, 2012（2）.

［110］杨铭. 茶叶企业广告英语中模糊语言的语用功能及翻译［J］. 福建茶叶, 2017（3）.

［111］杨向娟. 论模糊限制语在广告语中的语用功能［J］. 西安航空技术高等专科学校学报, 2009（2）.

［112］叶苗. 从顺应论看应用翻译异化观: 基于《中国国家地理: 选美中国特辑》英译个案的研究［J］. 中国外语, 2009（4）.

［113］于惠川, 林莉, 等. 消费者心理与行为［M］. 北京: 清华大

学出版社，2012.

［114］于文静. 浅谈新媒体广告的心理暗示语运用［J］. 出版广角，2019（3）.

［115］俞东明. 什么是语用学［M］. 上海：上海外语教育出版社，2011.

［116］俞东明. 语法歧义和语用模糊对比研究［J］. 外国语，1997（6）.

［117］袁毓林. 词类范畴的家族相似性［J］. 中国社会科学，1995（1）.

［118］袁周敏，陈新仁. 语言顺应论视角下的语用身份建构研究：以医疗咨询会话为例［J］. 外语教学与研究，2013（4）.

［119］詹全旺. 词汇语用过程新解［M］. 安徽：安徽大学出版社，2009.

［120］詹全旺. 新闻词汇语用过程的关联论阐释［J］. 安徽大学学报（哲学社会科学版），2012（2）.

［121］张法连，张鲁平. 谈语用充实视角下的刑事判决书翻译［J］. 中国翻译，2014（3）.

［122］张梅. 医学英语中模糊语的功能与翻译［J］. 中国科技翻译，2004（2）.

［123］张乔. 模糊语言学论集［M］. 大连：大连出版社，1998.

［124］张淑玲，何自然. 非真实性话语研究述评［J］. 现代外语，2006（1）.

［125］张淑玲. 非真实性话语的运行机制和语用成因［J］. 华南师范大学学报（社会科学版），2008（2）.

［126］赵凤兰. 广告英语中模糊表达的语用分析［J］. 商业现代化，2008（5）.

［127］赵静. 广告语与模糊修辞［J］. 西南民族学院学报（哲学社会科学版），2001（2）.

［128］赵秋荣，刘心全，杜小平. 模糊语言在广告中的运用［J］. 广东工业大学学报（社会科学版），2003（12）.

［129］赵霞，朱晓萍. 对时尚杂志广告语的批评性语篇分析［J］. 江

苏大学学报（社会科学版），2010（5）.

[130] 郑晓辰. 电视直销广告违法行为法律规制研究 [J]. 山西师大学报（社会科学版），2011（4）.

[131] 郑颖. 电视直销广告的语言特点 [J]. 考试周刊，2007（36）.

[132] 支永碧. 政治话语虚假语用预设的批评性分析 [J]. 社会科学家，2011（9）.

[133] 支永碧. 政治话语名词化语用预设的批评性分析 [J]. 社会科学家，2013（9）.

[134] 钟守满，王凌. 广告英语模糊现象探析 [J]. 山东外语教学，2000（3）.

[135] 周红红，王德丽，姚文俊. 从美国国防语言中模糊修辞的运用看信息素质生成战斗力 [J]. 外国语文，2012（7）.

[136] 朱洁. 特定语域的模糊修辞及其语用功能探讨 [J]. 烟台大学学报，2012（4）.

[137] 朱金兰. 保健食品广告语中的语用模糊与批评性分析 [J]. 南京工业职业技术学院学报，2018（4）.

[138] 邹俊飞. 广告模糊语言的语用功能及误导效应探析 [J]. 现代语文，2010（2）.

二、英文

[1] VRIJ A, EDWARD K, ROBERT K P & BULL R. Detecting deceit via analysis of verbal and nonverbal behavior [J]. Journal of nonverbal behavior, 2000, 24 (4).

[2] AIKHENVALD A. Evidentiality [M]. Oxford：Oxford University Press, 2004.

[3] AITCHISON J. Words in the mind：an introduction to the mental lexicon [M]. Oxford：Blackwell, 1994.

[4] ANOLLI L, BALCONI M & CICERI R. Linguistic styles in deceptive communication：dubitative ambiguity and elliptic eluding in packaged lies [J]. Social behavior and personality, 2003, 31 (7).

[5] AUSTIN J L. How to do things with words [M]. Oxford：Oxford

University Press, 1962.

[6] DE PAULO B M, LINDSAY J J, MALONE B E et al. Cues to deception [J]. Psychological bulletin, 2003, 129 (1).

[7] BACH K. Conversational impliciture [J]. Mind & language, 1994 (9).

[8] BARNES J. A pack of lies [M]. Cambridge: Cambridge University Press, 1994.

[9] BEETZA J & SCHWAB V. Conditions and relations of (re) production in Marxism and discourse Studies [J]. Critical discourse studies, 2018, 15 (4).

[10] BLOMMAERT J & BULCAEN C. Critical discourse analysis [J]. Annual review of anthropology, 2000 (29).

[11] BLUTNER R. Lexical pragmatics [J]. Journal of semantics, 1998 (15).

[12] BLUTNER R. Lexical semantics and pragmatics [J]. Linguistische berichte, 2002 (10).

[13] BROWN P & LEVINSON S. Politeness [M]. Cambridge: Cambridge University Press, 1987.

[14] BULLER D B & BURGOON J K. Interpersonal deception theory [J]. Communication theory, 1996, 6 (3).

[15] BULLER D B & BURGOON J K. Deception: strategic and non-strategic communication [C] //DALY J A & WIEMANN J M. Strategic interpersonal communication. Hillsdale, N. J. : Lawrence Erlbaum Associates, 1994.

[16] CARSTON R. Enrichment and loosening: complementary processes in deriving the proposition expressed? [J]. Linguistische berichte, 1997, 8 (2).

[17] CARSTON R. Explicature and semantics [J]. UCL Working papers in linguistics, 2000 (12).

[18] CARSTON R. Thoughts and utterances: the pragmatics of explicit communication [M]. Oxford: Blackwell, 2002.

[19] CARSTON R & UCHIDA S (eds.). Relevance theory: applica-

tions and implications [M]. John Benjamins: Amsterdam, 1998.

[20] CHANNELL J. Vague language [M]. Oxford: Oxford University Press, 1994.

[21] CHANNELL J. Vague language [M]. Shanghai: Shanghai Foreign Language Educational Publisher, 2000.

[22] CHEN, XINREN. Critical pragmatic studies of Chinese public discourse [M]. London: Routledge, 2020.

[23] CODY M J, MARSTON P J & FOSTER M. Deception: paralinguistic and verbal leakage [C] //BOSTROM R N. Communication yearbook 8. Beverly Hills, C. A. : Sage Publications, 1984.

[24] COPESTAKE A & BRISCOE T. Semi-productive polysemy and sense extension [J]. Journal of semantics, 1995 (12).

[25] CROOK J. On covert communication in advertising [J]. Journal of pragmatics, 2004 (36).

[26] CRUSE D. Lexical semantics [M]. Cambridge: Cambridge University Press, 1986.

[27] CYBENKO G, GIANI A & THOMPSON P. Cognitive hacking: a battle for the mind [J]. Computer (Long Beach Calif.), 2002, 35 (8).

[28] D B BULLER & BURGOON J K. Interpersonal deception theory [J]. Communication theory, 1996, 6 (3).

[29] DILMON R. Between thinking and speaking-linguistic tools for detecting a fabrication [J]. Journal of pragmatics, 2009 (41).

[30] DUCROT O. Dire et ne pas dire [M]. Paris: Hermann, 1972.

[31] DUCROT O. Le dire et le dit [M]. Paris: Minuit, 1984.

[32] DULANEY E F. Changes in language behavior as a function of veracity [J]. Human communication research, 1982, 9 (1).

[33] EKMAN P. Lying and non-verbal behaviour: theoretical issues and new findings [J]. Journal of non-verbal behaviour, 1988 (12).

[34] FAIRCLOUGH N. Language and power [M]. London: Longman Group Limited, 1989.

[35] FAIRCLOUGH N. Discourse and social change [M]. Cambridge:

Polity Press, 1992.

[36] FAIRCLOUGH N. Critical discourse analysis: the critical study of language [M]. London and New York: Longman, 1995.

[37] FAIRCLOUGH N. Critical discourse analysis [J]. Marges linguistics, 2005 (9).

[38] FAIRCLOUGH N. Language, power and ideology [M]. London and New York: Longman, 1989.

[39] FAUCONNIER G & TURNER M. The way we think: conceptual blending and the mind's hidden complexities [M]. New York: Basic Books, 2002.

[40] FAY P & MIDDLETON W. The ability to judge truth telling or lying from the voice as transmitted over a public address system [J]. Journal of general psychology, 1941 (24).

[41] FOWLER R, KRESS G & TREW T. Language and control [M]. London: Routledge & Kegan Paul, 1979.

[42] FRANKEN N. Vagueness and approximation in relevance theory [J]. Journal of pragmatics, 1997 (28).

[43] FRANKS B. Sense generation: a "quasi-classical" approach to concepts and concept combination [J]. Cognitive science, 1995 (19).

[44] FREDSTED E. On semantic and pragmatic ambiguity [J]. Journal of pragmatics, 1998, 30 (5).

[45] FULLER C M, BIROS D P & DELEN D. An investigation of data and text mining methods for real world deception detection [J]. Expert systems with applications, 2011 (38).

[46] GALASINSKI D. The language of deception: a discourse analytical study [M]. Thousand Oaks: Sage Publications, 2000.

[47] GIBBS R. The poetics of mind [M]. Cambridge: Cambridge University Press, 1994.

[48] GRICE H P. Logic and conversation [M]. Harvard: Harvard University Press, 1967.

[49] GRICE H P. Logic and conversation [C] //COLE P & MORGAN J

(eds.). Syntax and semantics. New York: Academic Press, 1975.

[50] GRICE H P. Studies in the way of words [M]. Harvard: Harvard University Press, 1989.

[51] GRICE H P. Meaning. Philosophical review [M]. Harvard: Harvard University Press, 1957.

[52] HALLIDAY M A K. An introduction to functional grammar [M]. London: Edward Arnold, 1995.

[53] HAWKINS D. The information technology paradigm shift: implications for tourism in the 21st century [C]. Paper presented at the international science conference on tourism in the 21st century. Suez Canal University, Sharm-ElSheikh, 24th ± 26th September, 1996.

[54] HILDRETH R. An experimental study of audiences' ability to distinguish between sincere and insincere speeches [C]. Unpublished doctoral dissertation. University of Southern California, 1953.

[55] HOBBS J & MARTIN P. Local pragmatics [C]. Proceedings of international joint conference on artificial intelligence, Milan, 1987.

[56] HORN L. The said and the unsaid [J]. Ohio State University working papers in linguistics (Proceedings of SALT Ⅱ), 1992 (40).

[57] HORN L. From if to iff: conditional perfection as pragmatic strengthening [J]. Journal of pragmatics, 2000 (32).

[58] HYLAND K. Hedging in scientific research articles (Vol. 54) [M]. Amsterdam: John Benjamins Publishing, 1998.

[59] BURGOON J & NUNAMAKER J. Toward computer-aided support for the detection of deception [J]. Group decision and negotiation, 2004, 13 (1).

[60] JANSSON-BOYD C V. Consumer psychology [M]. Maidenhead: Open University Press, 2010.

[61] JASZCZOLT K. Default semantics: foundations of a compositional theory of acts of communication [M]. Oxford: Oxford University Press, 2005.

[62] JAWORSKI A & COUPLAND N. The discourse reader [M]. London: Routledge, 1999.

［63］ KNAPP M L et al. An exploration of deception as a communication construct ［J］. Human communication research, 1974 (1).

［64］ KNAPP M L, HART R P & DENNIS H S. An exploration of deception as a communication construct ［C］. Paper presented at the annual meeting of the speech communication ass, 1973.

［65］ KRAUT R. Verbal and nonverbal cues in the perception of lying ［J］. Journal of personality and social psychology, 1978 (36).

［66］ KRESS G & VAN LEEUWEN T. Reading images ［M］. Geelong: Deakin University Press, 1990.

［67］ KRESS G & VAN LEEUWEN T. Reading images: the grammar of visual design ［M］. London: Routledge, 1996.

［68］ LAHAV R. Against compositionality: the case of adjectives ［J］. Philosophical studies, 1989 (55).

［69］ LAKOFF G. Hedges: a study in meaning criteria and the logic of fuzzy concepts ［J］. Journal of philosophical logic, 1973, 2 (4).

［70］ LAKOFF G. Women, fire and dangerous things ［M］. Chicago: University of Chicago Press, 1987.

［71］ LAKOFF G & JOHNSON M. Metaphors we live by ［M］. Chicago: University of Chicago Press, 1980.

［72］ LASCARIDES A & COPESTAKE A. Pragmatics and word meaning ［J］. Journal of linguistics, 1998 (34).

［73］ LASERSOHN P. Pragmatic halos ［J］. Language, 1999 (75).

［74］ MAIER N & THURBER J. Accuracy of judgments of deception when an interview is watched, heard, and read ［J］. Personnel psychology, 1968 (21).

［75］ MCCARTHY A. Ambient television ［M］. Durham, N. C.: Duke University, 2001.

［76］ MCCAWLEY J. Conversational implicature and the lexicon ［C］ // COLE P (ed.). Syntax and semantics 9: pragmatics. New York: Acade-mic Press, 1978.

［77］ MEIBAUER J. Lying and falsely implicating ［J］. Journal of pragmatics, 2005 (37).

[78] MERLINI B L (ed.). Complexity in language and text [M]. Pisa: Editore Plus, 2003.

[79] MEY J. ZurKritischen sprach theorie [C] //Pragmalinguistics: theory and practice. The Hague: Mouton, 1979.

[80] MEY J. Whose language? A study in linguistic pragmatics [M]. Amsterdam & Philadelphia: Benjamins, 1985.

[81] MEY J. Pragmatics: an introduction [M]. London: Blackwell Publishers, 1993.

[82] MEY J. Pragmatics [M]. London: Routledge, 1999.

[83] MORGAN N J, PRITCHARD A & ABBOTT S. Consumers, travel and technology: a bright future for the web or television shopping? [J]. Journal of vacation marketing, 2001, 7 (2).

[84] NYBERG D. The varnished truth: truth telling and deceiving in ordinary life [M]. Chicago: University of Chicago Press, 1993.

[85] EKMAN P & FRIESEN W V. Nonverbal leakage and clues to deception [J]. Psychiatry, 1969, 32 (1).

[86] PACKARD V. The hidden persuaders [M]. New York: Pocket Books, 1981.

[87] PAPI M B. Implicitness in text and discourse [M]. Carrara: Edizioni ETS, 2002.

[88] PEIRCE C S. Vagueness [C] //BALDWIN M (ed.). Dictionary of philosophy and psychology. London: Macmillan, 1902.

[89] PRINCE E F, FRADER J & BOSK C. On hedging in physician-physician discourse [C] //DI PIETRO R J (ed.). Linguistics and the professions. Norwood: Ablex, 1982.

[90] RECANATI F. The alleged priority of literal interpretation [J]. Cognitive science, 1995 (19).

[91] RECANATI F. Literal meanings [M]. Cambridge: Cambridge University Press, 2004.

[92] RIPS L. The current status of research on concept combination [J].

Mind & Language, 1995 (10).

[93] SCHIFFRIN D, TANNEN D & HAMILTON H E. Handbook of discourse analysis [M]. New Jersey: Wiley-Blackwell, 2003.

[94] SHULMAN G. An experimental study of the effects of receiver sex, communicator sex, and warning on the ability of receivers to detect deceptive communicators [D]. Purdue University, 1973.

[95] SHUY R W. The language of confession, interrogation, and deception (Vol. 2) [M]. Thousand Oaks, London, NewDelli: Sage Publications, 1998.

[96] SIMPSON D. Lying, liars and language [J]. Philosophy and phenomenological research, 1992 (12).

[97] SPERBER D & WILSON D. Relevance: communication and cognition [M]. London: Blackwell, 1986.

[98] STIFF J B & MILLER G R. "Come to think of it..." interrogative probes, deceptive communication, and deception detection [J]. Human communication research, 1986 (12).

[99] SWEETSER E. From etymology to pragmatics [M]. Cambridge: Cambridge University Press, 1990.

[100] TANAKA K. Advertising language: a pragmatic approach to advertisements in Britain and Japan [M]. London: Routledge, 1994/1999.

[101] THOMAS J A. Meaning in interaction: an introduction to pragmatics [M]. London: Longman, 1995.

[102] TUGGY D. Ambiguity, polysemy, and vagueness [J]. Cognitive linguistics, 1993, 4(3).

[103] ULLMANN S. Semantics [M]. Oxford: Blackwell, 1962.

[104] VAN DIJK T. Critical discourse analysis [C] //TANNEN D, SCHIFFRIN D & HAMILTON H (eds.). Handbook of discourse analysis. Oxford: Blackwell, 2001.

[105] VELASCO-SACRISTAN M & FUERTES-OLIVERA P A. Towards a critical cognitive-pragmatic approach to gender metaphors in advertising English [J]. Journal of pragmatics, 2006 (38).

［106］VERSCHUEREN J. Pragmatics as a theory of linguistic adaptation (IPrA Working documents 1) ［R］. Antwerp, International Pragmatic Association, 1987.

［107］VERSCHUEREN J. The pragmatic perspective ［C］//VERSCHUEREN J, ÖSTMAN J O, BLOMMAERT J & BULCAEN C (eds.). Handbook of pragmatics. Amsterdam: John Benjamins Publishing Company, 1995.

［108］VERSCHUEREN J. A pragmatic model for the dynamics of communication ［C］//KASPER A (ed.). Pragmatics: critical concepts, Vol. V. London/New York: Routledge, 1998.

［109］VERSCHUEREN J. Understanding pragmatics ［M］. London: Arnold, 1999.

［110］VERSCHUEREN J & BERTUCCELLI-PAPI M (eds.). The pragmatic perspective ［M］. Amsterdam: John Benjamins, 1987.

［111］WELLS W, MORIARTY S & BURNETT J. Advertising: principles and practice ［M］. New Jersey: Prentice Hall, 2000.

［112］WIDDOWSON H G. Text, context, pretext: critical issues in discourse analysis ［M］. Oxford: Blackwell, 2004.

［113］WILSON D & SPERBER D. Truthfulness and relevance ［J］. Mind, 2002 (111).

［114］WODAK R. What CDA is about: a summary of its history, important concepts and its developments ［C］//WODAK R & MEYER M (eds.). Method of critical discourse analysis. London: Sage Publications, 2001.

［115］WODAK R. Language, power and ideology ［M］. Amsterdam: John Benjamins Publishing Company, 1989.

［116］WODAK R. Critical linguistics and critical discourse analysis ［C］//ZIENKOWSKI J, OSTMAN J & VERSCHUEREN J. Discursive pragmatics: handbook of pragmatics highlights, Amsterdam/Philadelphia: John Benjamins Publishing Company, 2011.

［117］WODAK R. What CDA is about: a summary of its history, important concepts and its developments ［C］//WODAK R & MEYER M (eds.). Method of critical discourse analysis. London: Sage Publications, 2001.

[118] WOODWORTH R & SCHLOSBERG H. Experimental psychology [M]. New York: Holt, 1954.

[119] ZADEH L A. Fuzzy sets [J]. Information and control, 1965, 8 (3).

[120] ZADEH L A. A fuzzy-set theoretic interpretation of linguistic hedges [J]. Cybernetics and systems, 1972, 2 (3).

[121] ZAGORIN P. Ways of lying [M]. Cambridge M. A.: Harvard University Press, 1990.

[122] ZHANG Q. The semantics of fuzzy quantifiers [D]. Ph. D. thesis, Department of Linguistics, University of Edinburgh, 1996.

[123] ZHANG Q. Fuzziness-vagueness-generality-ambiguity [J]. Journal of pragmatics, 1998 (29).

[124] ZWICKY A M & JERROLD M S. Ambiguity tests and how to fail them [C] //KIMBAL J P (ed.). Syntax and semantics (Vol. 4). New York: Academic Press, 1975.